O QUE NE
MASTER TE CONTOU...

Os verdadeiros desafios do Scrum Master

André Costa
Eliane Andrade
Lidia Vieira
Vitor Cardoso

André Costa / Eliane Andrade /
Lidia Vieira / Vitor Cardoso

O que nenhum Scrum Master te contou...
Os verdadeiros desafios do Scrum Master

Prefácio
José Luiz Faulhaber
Thaís Juncá

Revisão:
Thaís Juncá

1ª Edição – 2020

ISBN 9798570246140

SOBRE OS AUTORES

André Costa

Agile Team Coach da META que atua no Hub de Soluções Corporativas nos estúdios da Globo cuidando de times de produto. Em +15 anos de experiência em estratégia e desenvolvimento de produtos e serviços, já atuou em diversos papéis de liderança. Como Agile Coach, tem mentorado times em seus processos de transformação ágil, com mindset focado em Customer Experience e Design Thinking, na entrega contínua de valor e na melhoria da jornada do cliente com produtos e serviços. Quando não está trabalhando, gosta de cozinhar e assistir filmes e séries com a esposa e filhos.

https://www.linkedin.com/in/andrelmcosta/

Eliane Andrade

Scrum Master na Meta, onde tem o prazer de servir a dois times ágeis no cliente Estúdios Globo realizando o que mais ama na vida. Eliane chegou de mansinho e sem que percebesse já é querida por todos. Já atuou em diversas áreas de TI no modelo waterfall, mas se encontrou realmente profissional e pessoalmente no modelo ágil. Ela acredita realmente que o trabalho realizado com prazer e dedicação gera resultados incríveis e é isso que ela quer contar nos breves capítulos desse livro!

https://www.linkedin.com/in/eliane-andrade-b198a555

Lidia Vieira

Especialista em Tecnologia com papel de Scrum Master, apaixonada por pessoas, tecnologia e processos. Experiência de 15 anos em TI. MBA Executivo pela UFRJ, com certificações em ITIL, Cobit, CSM, Safe Agilist, KMP I, PTMC. Acredito que a Tecnologia viabiliza soluções e muda comportamentos, proporcionando novas experiências para a sociedade. E que nós, seres humanos, temos poder ativo no direcionamento destas soluções.

https://www.linkedin.com/in/lidiavieirait/

Vitor Cardoso

Coordenador na Globo com o papel de RTE (SAFe - Release Train Engineer) e fundador do site Comunidade Agil, com mais de 15 anos de experiência em Gestão de Projetos e 5 anos de experiência com Agilidade. MBA em Tecnologia da Informação pela UFRJ, possuo as principais certificações do mercado como CSM, Managament 3.0, Safe Agilist, KMP-1, PALC e PLAC, além de ter participado como Co-Autor de 4 livros da Jornada Colaborativa.

https://www.linkedin.com/in/vrcardoso/

Sumário

O QUE NENHUM SCRUM MASTER TE

PREFÁCIO

Primeiramente, gostaria de agradecer o convite do André, da Eliane, da Lidia e do Vitor para escrever o prefácio deste livro. É realmente uma honra participar dessa iniciativa tão marcante.

Após participar de um processo de transformação digital por alguns anos, posso afirmar com convicção que há inúmeras coisas que nenhum Agile Coach vai te contar.

É como andar de bicicleta ou tocar violão. Conheço toda a teoria: sei como os pedais funcionam, sei como as marchas funcionam, sei montar os acordes, o desenho das escalas e até mesmo como os harmônicos naturais e artificiais funcionam. Mas não basta todo esse conhecimento teórico. Me dê uma bicicleta e não consigo andar mais do que 1m de distância sem cair. Ou me dê um violão e não consigo tocar uma música inteira.

Tornar-se uma empresa ágil requer muito mais que adotar um framework ou designar novos papéis às pessoas e exercê-los com maestria. Mesmo quando isso é muito bem feito, ainda existe um bastidor de divergências, inadequações, obstáculos e dificuldades que nenhum livro mostra.

É isso que os autores tentaram trazer neste livro. Um pouco desse bastidor da transformação digital, das divergências encontradas com as pessoas e os times, da luta diária para fazer a mudança cultural e de mindset que a verdadeira transformação requer.

José Luiz Faulhaber
Product Manager na Globo

Que honra a minha prefaciar sobre ideias tão necessárias a prática da agilidade nos dias atuais.

Com experiências e formações diversas, André, Eliane e Lidia, convergem ao falarmos do exercício da função de Scrum Master. São autoridades e atuam com maestria para que seus times atinjam os objetivos propostos.

O Vitor, com sua habilidade ímpar em motivar e liderar times de alta performance, emprega toda sua energia na condução desse trem veloz, coeso e nos mostra que tudo está relacionado a pessoas e a forma de extrair o melhor de cada uma delas.

A arte de servir e potencializar resultados através da remoção de obstáculos é explorada neste livro de forma transparente, sem floreios e meias palavras. Eles abriram a caixa de ferramentas e mostraram o dia a dia como ele é.

Saímos deste livro sedentos em agregar novos métodos ao cotidiano e aproveitar o caminho tão brilhantemente já percorrido. As reflexões passam longe de colocar um ponto final neste vasto tema. É um convite ao compartilhar, provocar, escutar, manter essas questões vivas e principalmente, dar um conforto ao nos vermos refletidos em tantas situações recorrentes.

Divirtam-se!
Thais Juncá
Gerente de Tecnologia na Globo

INTRODUÇÃO

O objetivo principal em termos escrito esse livro foi o de ajudar os Scrum Masters em sua formação trazendo conhecimentos comportamentais, atitudes e ferramentas para que possam desempenhar melhor o seu papel frente às dificuldades que enfrentam em seu cotidiano.

Como esse livro foi escrito por 4 autores, você poderá notar uma forma diferente de escrita em cada capítulo, dadas características de escrever de cada um. Foi nossa intenção não unificar a escrita para manter a identidade de cada autor, assim como captar, na íntegra, o seu sentimento e o conteúdo na hora da escrita.

Este livro não vai te ensinar a parte teórica do framework Scrum, como seus princípios e métodos, o que pode ser facilmente obtido diretamente através do Scrum Guide ou em outros livros do mercado com essa finalidade. Você terá disponível o conhecimento tácito dos autores, relacionado às suas experiências, sua visão de mundo e práticas já experimentadas.

Entendemos que a maioria dos Scrum Masters são demandados para que seus times performem cada vez mais e essa performance só será obtida com sua atuação direta sobre o seu time, utilizando variadas técnicas, práticas e ferramentas.

Esse livro está dividido em três grandes blocos, pensando nos desafios do Scrum Master, o seu cotidiano de atuação e retrospectivas para o apoiarem na melhoria dos times, em especial as atitudes e comportamentos dos indivíduos, ou na solução de problemas enfrentados. Sempre com enfoque em times de alta performance.

Dentro do bloco 1, o capítulo 1 detalha o processo de preparo e alguns dos desafios para se tornar um Scrum Master.

O capítulo 2 traz as características e as soft skills mais importantes para se chegar à excelência no papel de Scrum Master.

O capítulo 3 apresenta desafios do dia a dia do Scrum Master e que não se encontra nas literaturas sobre sua formação: o conhecimento implícito necessário para o papel de coach do time.

O capítulo 4 ressalta a importância de saber crescer e escalar, porém sem perder a essência e a autenticidade, e quais os pontos de destaque necessários para tal.

O capítulo 5 destaca como o Scrum Master pode iniciar o seu desenvolvimento mesmo que a empresa não implemente o Ágil

O capítulo 6 mostra alguns cuidados que o Scrum Master deve ter no dia a dia para que sempre tenha a confiança do time e possa conduzir com transparência e respeito.

O capítulo 7 descreve as razões, benefícios e o propósito de se escalar o Ágil nas organizações como premissa para que todo o esforço traga um real sentido, buscando avaliar o momento, o contexto, pessoas e objetivos, a fim de explorar os fatores críticos de sucesso deste movimento.

O capítulo 8 mostra uma parte das atividades do Scrum Master que, normalmente, não são relatadas por quem realiza a função e que estão mais atreladas a questões comportamentais do que técnicas.

O capítulo 9 detalha quais são os principais retornos que o Scrum Master tem na sua jornada nesse papel.

O capítulo 10 descreve quais são as maiores dificuldades do Scrum Master quando atua com múltiplas squads e impactos que isso pode trazer no dia a dia dele e do time.

Dentro do bloco 2, o capítulo 11 aborda a implementação do Ágil *Top-Down* / *Bottom-Up* / *Mix*, destacando pontos positivos e negativos sobre essas abordagens.

O capítulo 12 vai direto ao ponto como o Scrum Master pode fazer para conquistar o seu time.

O capítulo 13 aborda a questão crucial de não tornar a Daily Meeting uma reunião de Status Report.

O capítulo 14 trata de o time ter alta dependência do Scrum Master, prejudicando a sua autonomia.

O capítulo 15 dá dicas para ajudar o time a manter o board atualizado, promovendo a visibilidade do seu trabalho.

O capítulo 16 aborda questões de liderança e o efeito que gera no time.

O capítulo 17 menciona a importância das métricas e o efeito colateral das mesmas quando utilizadas de forma demasiada.

O capítulo 18 faz uma análise sobre a performance do time, comparando sua própria forma de trabalho para performar mais e melhor.

O capítulo 19 apresenta formas de se identificar os níveis da maturidade ágil dos times.

O capítulo 20 destaca os conjuntos de habilidades necessárias para que o Scrum Master busque se capacitar para assumir o papel de agile coach.

Dentro do bloco 3, o capítulo 21 apresenta uma dinâmica bem legal para identificar os níveis de satisfação do time.

O capítulo 22 também apresenta uma dinâmica, mas agora para identificar possíveis conflitos internos dentro do time.

O capítulo 23 traz outra dinâmica, nesse caso, para identificar possíveis capacitações/aceleradores para o que o time execute suas atividades de forma mais eficiente.

O capítulo 24 vem com dicas de retrospectivas para obter as informações do time, em busca de um processo de evolução contínua.

O capítulo 25 aborda a necessidade de se reforçar o processo de comunicação dentro dos times, melhorando assim o entendimento e aumentando a fluidez.

O capítulo 26 traz uma dinâmica para fortalecer a convivência entre o time de forma simples e efetiva.

O capítulo 27 apresenta uma dinâmica com vários fatores, com o objetivo de acompanhar a saúde do time.

O capítulo 28 não vai falar de uma retrospectiva específica, mas sim de pontos de atenção que o Scrum Master deve ter em todas as retrospectivas para que tenha o time esteja engajado e participativo.

O capítulo 29 aborda algumas dinâmicas para obter a percepção do time sobre o andamento/evolução do papel de Scrum Master.

O capítulo 30 detalha uma dinâmica para comemorar as conquistas e evolução do time, dando visibilidade da sua trajetória até então.

O capítulo 31 faz o fechamento do livro, relatando toda a sua trajetória, desde a idealização até a sua execução e conclusão, trazendo algumas reflexões bem legais.

Caro leitor, aproveite a leitura do que preparamos para você e coloque tudo o que conseguir em prática e, com o passar do tempo e utilizando a tática da persistência, cremos que você obterá os resultados que deseja.

Se você quiser nos dar um *feedback* sobre o conteúdo do livro, para que possamos melhorar cada vez mais, ou sugerir capítulos adicionais para uma nova versão, será de muita valia! Acesse o link do formulário disponível ou através do QR Code abaixo:

QR code para feedback do livro
https://bit.ly/ISBN9798570246140-feedback

PARTE I - OS DESAFIOS DO SCRUM MASTER

Capítulo 1. Os maiores desafios

Lidia Vieira

Ser um Scrum Master, acredito ser um estado de espírito, a pessoa precisa se identificar com determinados valores e comportamentos.

Segue algumas das principais características de uma pessoa que gostaria de ser tornar um Scrum Master.

Empatia

O estado de empatia, ou de entendimento empático, consiste em perceber corretamente o marco de referência interno do outro com os significados e componentes emocionais que contém, como se fosse a outra pessoa, em outras palavras, colocar-se no lugar do outro, porém sem perder nunca essa condição de "como se". A empatia implica, por exemplo, em sentir a dor ou o prazer do outro como ele o sente e perceber suas causas como ele as percebe, porém, sem perder nunca de vista que se trata da dor ou do prazer do outro. Se esta condição de "como se" está presente, nos encontramos diante de um caso de identificação e esta só pode acontecer, se o indivíduo tiver vivido experiência semelhante à que está se passando no outro.

A empatia caracteriza-se pela tomada de perspectiva, ausência de julgamento, reconhecimento da emoção nos outros e capacidade de comunicar esse estado emocional.

Fonte: https://joanasantiago.com.br/3-coisas-que-voce-precisa-saber-sobre-empatia/

Comunicação e Transparência

Considero aqui uma das chaves para o bom entendimento e ajuste dos times. Uma comunicação limpa, transparente, sem muitos tabus, onde são abordados pontos necessários a serem tratados dentro dos times, é essencial para atrair o conforto do time em se comunicar e verbalizar as necessidades do seu dia, além de compartilhar ideias, visões e perspectivas. Para isto, se faz necessário termos o respeito e entender que o que é comunicado por um time, são dados valorosos.

Pela comunicação evoluímos e na comunicação conseguimos gerar pensamentos, segue um trecho interessante do filósofo Freire

> "O sujeito pensante não pode pensar sozinho; não pode pensar sem a coparticipação de outros sujeitos no ato de pensar sobre o objeto. Não há um "penso", mas um "pensamos". É o "pensamos" que estabelece o "penso" e não o contrário. Esta coparticipação dos sujeitos no ato de pensar se dá na comunicação. "
>
> (FREIRE, 1969, p. 45).

A troca, a comunicação e a abertura que o time sente em interagir, conseguem gerar melhores conhecimentos, pensamentos e consequentemente aprendizados contínuos.

Fonte: https://medium.com/somoscordel/

Facilitação

Nós, Scrum Masters, estamos no circuito para facilitar, viabilizar soluções que apoiam um todo: Time, PO, Produto, Empresa.

Significado:

Substantivo feminino

Ação ou efeito de facilitar.

Jurídico (TERMO)

Auxílio dado por outra pessoa que facilita a execução ou a prática de um ato, <u>inclusive a omissão ou falta de oposição para impedir a realização de tal ato.</u>

Vejam que interessante: a frase: *"inclusive a omissão ou falta de oposição para impedir a realização de tal ato"*. Podemos até interpretar que se não é possível executar algo que facilite, a omissão ou não se opor já é um ato de facilitação.

Dicas que dou para ter uma boa facilitação: saiba ouvir, respeite e valorize o silencio, não julgue, renuncie muitas vezes, e entenda a opinião e todo o entorno construído na discussão do grupo/time. Ao invés de concluir um fato, é melhor aprender a

O QUE NENHUM SCRUM MASTER TE CONTOU...

fazer perguntas que façam o time pensar gerando nele novas perspectivas e as suas próprias conclusões.

Capacidade analítica para resolução de problemas – Remoção de Impedimentos.

A remoção de impedimentos, o propósito do Scrum Master em apoiar o time, proteger o time, sem mimá-los e torná-los dependentes.

Compreender o que é impedimento e o que é atividade do time é um requisito.

O outro passo, identificado o impedimento é a capacidade de se relacionar com o todo, uma capacidade analítica e pensamento simples para resolução e retirada do impedimento.

Após este fato, sugiro fazer uma reflexão se o impedimento de hoje pode ser tornar o conhecimento do time amanhã, e não voltar a surgir, tornando-se cada vez mais fluido o dia a dia dos times.

Fonte: https://www.ateomomento.com.br/remocao-de-impedimentos/

Vamos retirar "os elefantes" do caminho do time e, se possível encontrar caminhos sem elefantes, ou preparar o time para removê-los de forma autônoma.

Se você se enxerga e se motiva atuando e navegando nesses quadrantes, já é um bom começo para uma jornada de desafios e aprendizados da vida de um Scrum Master.

Um dos principais desafios é manter um ritmo constante de aprendizados e analisar formas de trazer possibilidades e reflexões para que o time tenha o melhor aproveitamento e experiência possível.

O aprendizado de lidar com pessoas, cada uma com seu jeito e sua particularidade, identificá-las e ajudar o time a unir esse misto de visões, experiências, e vivencias para termos o melhor ambiente, o sucesso do produto e consequentemente da empresa, este também é um desafio e tanto.

A resiliência e a paciência precisam ser a alma gêmea do Scrum Master; entenda: lidamos com times formados por pessoas. Ferramentas e processos são adaptáveis, agora, criar e fomentar uma mentalidade ágil, uma mentalidade fundamentada em colaboração, transparência, confiança e abertura necessitará de muito jogo de cintura, estudos, análises e muita observação. E o melhor, às vezes precisamos quase renunciar o nosso eu. Não é sobre o que pensamos, estudamos e sabemos como fazer ou implantar, é como você forma múltiplas pessoas em uma unidade e entende/reaprende quais rotas e caminhos diferentes você precisará seguir para continuar a jornada que leva o TIME ao sucesso.

Nosso foco é servir, nosso foco é transformar, nosso foco é apoiar, entender, ler e compreender que muito além de um framework, estamos lidando com objetivos e sonhos de uma entidade muito maior. E somos facilitadores, o que viabiliza o melhor meio para que os resultados sejam alcançados com total respeito às pessoas.

O nosso objetivo é claro, mas as rotas são adaptáveis a cada caminho. Não existe o script do sucesso pronto para você, mas o foco de onde é necessário chegar, o foco nas pessoas, a sua observação, e principalmente a intenção voltada para que o melhor ocorra para o Time e o Produto/Negócio será seu melhor GPS.

Capítulo 2. Características indispensáveis

Eliane Andrade

Característica
substantivo feminino
1.traço, propriedade ou qualidade distintiva fundamental.

Soft Skill

Soft skill é um termo em inglês usado por profissionais de recursos humanos para definir habilidades comportamentais, competências subjetivas difíceis de avaliar. (fonte: Wikipédia)

Essa foi uma pergunta que me fiz há cerca de 4 anos quando percebi meu interesse ainda muito inicial por agilidade. Era analista de negócios / requisitos e ouvia algumas pessoas afirmando que, para "entrar no mundo da agilidade" eu necessariamente deveria me tornar uma PO (product owner) mas nunca uma Scrum Master. Essa afirmação vinha acompanhada de rótulos de que o Scrum Master deveria ser alguém que conhecesse profundamente todas as áreas relativas à TI para que pudesse argumentar na resolução dos impedimentos. Deveria ainda ser alguém com muitos anos de experiência em ágil.

No momento atual tenho ouvido essa mesma pergunta, porém agora vinda de alguns colegas de trabalho e de pessoas que reconhecem meu perfil no LinkedIn, por exemplo.

Acredito que não haja uma resposta correta e formulada para ser escrita em pedra e testada diante de candidatos ao "cargo".

Quando iniciei meus estudos em agilidade busquei materiais gratuitos na internet, busquei indicação de boas fontes com alguns colegas que já estavam atuando no mundo ágil. Então, estudando um pouco, bem no início, já me senti motivada pelos valores do manifesto ágil de desenvolvimento de software. Ali estava, de forma muito bem resumida, todo o meu pensamento, tudo o que eu achava correto, tudo o que eu realmente dava valor.

Entendo que, para iniciar o Scrum Master deve ser sedento por conhecimento, e seus valores devem estar bem alinhados aos do Manifesto porque, não há sucesso na mentira, na falsidade, então, não se pode disseminar algo que não se acredita e vivencia.

VALORES DO MANIFESTO ÁGIL
INDIVÍDUOS E ITERAÇÃO MAIS QUE FERRAMENTAS E PROCESSOS
SOFTWARE FUNCIONANDO MAIS QUE DOCUMENTAÇÃO ABRANGENTES
COLABORAÇÃO COM CLIENTE MAIS QUE NEGOCIAÇÃO DE CONTRATOS
RESPONDER A MUDANÇAS MAIS QUE SEGUIR UM PLANO

https://agilemanifesto.org/iso/ptbr/manifesto.html

Até aquele momento eu tinha passado por diversas lideranças tóxicas. Pessoas sem capacidade de ouvir sem julgar, com necessidade de mandos sem conhecimento de causa, preocupadas com o sucesso sem se preocupar com as pessoas responsáveis direta e indiretamente com esse sucesso. Vi no modelo ágil uma forma de mudar isso!

Estudei e tirei minha certificação de PO conforme haviam me indicado. Após iniciar como PO num time híbrido, "meio ágil meio waterfall", percebi que o time necessitava de maior liderança, mas não do Gerente de Projetos que exercia esse papel naquele momento, mas de alguém que realmente se preocupasse em servi-los. Eram muitas necessidades, mas pouca ajuda. Eram muitos desafios e muitas cobranças, mas pouca colaboração.

Mergulhei de cabeça no treinamento de Scrum Master e me ofereci para assumir esse papel. Foi um grande desafio pois o time não possuía qualquer experiência com o framework, e eu também não.

Descobri então em mim uma característica implícita a todo Scrum Master: empatia. Passei a ser alguém que todos buscavam. Me preocupava com todos os detalhes. Tentava passar para eles todo o conhecimento obtido, mas sempre calcada nas limitações próprias de cada um naquele momento de transformação.

Mas o grande desafio era: como provar que funciona algo tão novo até para mim naquele momento. Foi aí que dei asas à minha criatividade que nem sabia que tinha tanta! Foram retrospectivas mil, cada uma diferente da outra. E, sempre mostrando o resultado de todos os combinados e planos de ação que delas originavam. O time ficou mais confiante e a consequência foram entregas incríveis e eu, parti para voos mais altos!

Agora o grande desafio era tornar uma squad modelo de um grande cliente em um time high performance. Para isso tinha uma enorme barreira que era o PO não ter qualquer formação nem conhecimento ágil e ser o único no time que era um colaborador do cliente e não um parceiro de serviço. Nesse momento saquei meus conhecimentos de PO adquiridos e parti para trabalhar agilidade naquele colega que havia caído de paraquedas com um papel tão relevante e essencial ao time.

Novamente com muita empatia e cumplicidade vencemos mais essa barreira juntos, mas o conhecimento não pode parar e então iniciei uma jornada de treinamentos em busca de novas ferramentas que me auxiliassem a cada vez mais atender ao time e ao cliente com maestria. Kanban, design thinking, lean startup, design sprint e alguns outros foram os investimentos realizados.

Observando comportamentos de todos os níveis e ambientes pude ter uma boa noção de onde poderia atuar de forma a facilitar o andamento do trabalho e, porque não, da vida das pessoas que comigo formavam um time. Muitas vezes fui conselheira, amiga, ombro e até muro de lamentações. Sempre sem julgamentos e opinião, somente se solicitado! E quando chega aquele momento em que sua opinião sempre é solicitada você entende que a maturidade da sua liderança servidora chegou à um bom nível.

Descobri então que um bom Scrum Master precisava "gerar" Scrum Masters. Traduzindo: era o momento de passar o conhecimento e experiência adquiridos às pessoas onde via potencial para se tornar grandes Scrum Masters e, por que não também alguns PO's?

Uma das squads do cliente foi desfeita numa mudança estrutural e uma pessoa que exercia o papel de QA seria demitida. Identifiquei uma vaga onde seria necessário um mínimo de experiência como PO em outro cliente. Um treinamento com passagem de conhecimento e troca de experiências e em 10 dias essa pessoa assumiu o papel de PO onde exerce até hoje com dedicação e satisfação pessoal e do cliente.

Num outro momento, uma perda de contrato fez com que uma pessoa exercendo papel de desenvolvimento não tivesse como ser realocada. Numa conversa de corredor com ela percebi grande potencial para liderança servidora e muita sede de conhecimento. Não deu para perder essa chance e essa pessoa me substituiu numa das squads onde atuava e, após meu acompanhamento por aproximadamente duas sprints, já passou a atuar como Scrum Master tendo a simpatia, apoio do time e da liderança no cliente.

Logo, resumindo a resposta à questão proposta em poucas palavras, diria que um bom Scrum Master deve ter:
- Servidão
- Amar GENTE acima de máquinas ou sistemas
- Ser um excelente observador
- Criatividade
- Humildade

- Empatia
- Sede de conhecimento
- Mais scdc ainda por apoiar, incentivar e passar conhecimento
- E, um ponto que sempre digo aos que me perguntam: Ser Mãezona (paizão) dando colinho quando é necessário e corrigindo também quando necessitar! Acredito que a boa mãe é aquela que faz com que os filhos enxerguem seus erros e eles próprios entendam que devem e como devem corrigi-los.

Capítulo 3. O que ninguém te contou sobre SM

Lidia Vieira

Quando lemos e estudamos os conceitos do Scrum e o papel do Scrum Master (SM), entendemos sua responsabilidade em disseminar a agilidade, em apoiar o time, ajudando-o no seu foco, apoiando o PO, atuando numa liderança servidora para todos envolvidos no ecossistema comum.

Mas existem algumas questões que você só irá descobrir vivenciando no dia a dia.

Separei aqui alguns pontos chave, cujas receitas não estarão em nenhum Scrum Guide, e que irão te exigir algumas habilidades que talvez à primeira vista poderiam nem ser notadas como necessárias no seu dia a dia.

Um ponto importante e crucial é a visão do time em relação ao Scrum Master e efetivamente o papel do Scrum Master. Uma das frases mais comuns é que o Scrum Master precisa proteger o time e retirar os impedimentos. Aí começa a primeira armadilha.

O Time pode ter um entendimento de papel distorcido em relação ao Scrum Master. Alinhar esses papéis e expectativas é fundamental para termos uma boa troca entre Scrum Master e Time.

-Como ele se chama?
-Scrum Master
-Posso passar a mão?
-Pode, ele não faz nada

Fonte:https://www.facebook.com/ProgramadorNaoEGente/po sts/me-falem-uma-vez-que-o-scrum-master-realmente-ajudou-todo-mundo/2423223647908880/

O que o time dev espera de atuação de um Scrum Master? Que o Scrum Master resolva todos os problemas do Time ou que consiga preparar o time para resolver os problemas, de forma empoderada e auto gerenciável?

Está aí um grande desafio do Scrum Master: trazer a realidade que o Scrum Master não é uma caixa trituradora de problemas do time, ele está ali para abrir novos caminhos e possibilidades, deixando e tornando o time cada vez mais independente e, o que hoje é um impedimento, amanhã se torna conhecimento.

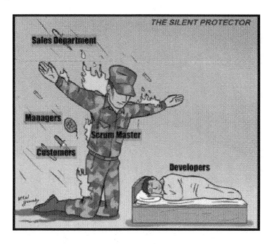

O QUE NENHUM SCRUM MASTER TE CONTOU...

Fonte:https://awwmemes.com/i/270d4a35404b4d1c859f7f6d
ec429a8a

Esse é um detalhe sensível tanto para o time quanto para o Scrum Master, pois no objetivo de retirar um impedimento do caminho, assumimos responsabilidades e ações que precisam ser transformadas em conhecimento para o time. As tomadas de ação direta do Scrum Master, o como ele está retirando o impedimento do caminho do time, podem direcionar para um futuro de independência e autonomia (desejável) ou de dependência total (retrocesso).

Mediante os fatos, o Scrum Master precisa atuar como um facilitador do time, remover os impedimentos, mas, além disso, preparar para que os impedimentos resolvidos hoje deixem de ser impedimentos amanhã. Aplicando a Melhoria Contínua e acompanhando pontos de evolução e maturação do time.

Com isso, é necessário fomentar no time o casamento perfeito entre Scrum Master - que transforme impedimentos em conhecimento - e o time – que tem sede em absorver esses conhecimentos para se tornar cada vez mais independente.

Não é um caminho fácil, não temos um roteiro ou um script pronto, essa descoberta é constante e varia de time para time, tem que ir passo a passo.

O Scrum Master tem que ter a motivação de se tornar desnecessário. É um papel de coach do time e deveria ser executado de forma temporária até que o time domine o Scrum, ou seja, você atua dentro do time com objetivo de capacitar. Se tornando desnecessário, você conseguirá concretizar o ápice de formar pessoas e times auto gerenciáveis e empoderados.

Nós comumente, em muitos papéis, atuamos com objetivo de dominar um determinado assunto, ser referência para algo, o que pode causar no ser humano uma motivação por ser reconhecido por sua utilidade direta. Por exemplo: Nossa! Esse cara conhece muito de Java /Python, Banco de Dados. Ele é muito necessário neste projeto ou atividade.

O Scrum Master tem um papel um tanto delicado. Ele atua de forma a se tornar cada vez mais invisível, transformando o time, agindo com uma característica chave: Liderança Servidora. Uma liderança que coloca as pessoas, o time, a colaboração no centro, facilitando todos a atingirem um objetivo comum. Logo, o resultado de sucesso de um Scrum Master não é o seu trabalho ou atuação direta e sim o trabalho do time que está sendo realizado com suas ações indiretas, que fazem com o time alcance o resultado esperado, que os membros do time sejam vistos, que a maturidade do time seja percebida.

O grande desafio é encontrar as ações estratégicas para que o time alcance este resultado. É se motivar diariamente para encontrar novas alternativas, novas soluções, novas estratégias de facilitação e muitas das vezes aprender a observar mais, para aprender mais sobre o cenário.

Entender também, que por mais que você perceba algum gap do time, se o time não o percebeu, a paciência deverá ser sua aliada.

O trabalho e resultado das ações do Scrum Master não são tão práticos. Envolvem muito autoconhecimento, conhecer o time, respeitar os limites de cada um e entender o momento certo para tal proposta ou ideias a serem compartilhadas e discutidas colaborativamente com o time. Existe uma sensibilidade psicológica na jogada. Adquirir esse nível de maturidade na quarentena: Mega desafiante!

Falando especificamente de mim, é muito difícil acertar sempre. É um trabalho evolutivo entender se o seu relógio está sincronizado com o time, as expectativas do time e como ele enxerga. Algumas vezes o erro é inevitável, mas a certeza de que estamos nos doando 100% pelo bem comum do time é o que nos encoraja a tentar novas possibilidades. Praticando a empatia.

Fonte: https://www.somosagility.com.br/melhores-praticas-para-sincronizacao-de-tempo-em-maquinas-virtuais/

Procurando assim o tempo correto, a sincronia, para que as engrenagens rodem de forma orgânica e compassada. Visualizando a imagem acima, abstratamente, eu diria que o relógio é o objetivo do time, as engrenagens são o próprio time, e o Scrum Master é o óleo que lubrifica as engrenagens. Isso, apesar de não ser visualizado de forma direta, é o que possibilita que as engrenagens rodem com sua melhor performance, tempo e cadência.

A melhoria contínua precisa estar na raiz do time e do Scrum Master.

Conseguir perceber estes pontos a serem tratados, envolver o time e criar formas deles enxergarem esses gaps é uma tarefa que nos pede criatividade, habilidade, paciência, estudos e pesquisas de cases.

Depois que me tornei Scrum Master, meus banhos não foram os mesmos. Fico pensando em dinâmicas, propostas de retrospectivas que o time se engaje, que se adapte, que queiram opinar, participar. Cada time é um time, cada pessoa com sua individualidade em meio ao todo! Cativar, conquistar e trazê-los para perto é nosso papel, além de torná-los cada vez mais responsáveis e entender que os resultados do time são formados pelo conjunto de posturas, visões e de como realizamos algo.

Uns gostam de algo mais pragmático, outros de dinâmicas mais lúdicas, outros até acham a retrospectiva uma perda de tempo, mas sei de uma coisa: vejo a retrospectiva como um tempo fundamental, em que todos precisam estar envolvidos pelo bem maior do time, aplicando a empatia mútua, compartilhando momentos desagradáveis, problemas a serem resolvidos, sem receio de julgamento ou apontamentos. Precisamos entender que todos nós falhamos e o erro é inevitável. Agora, aprender com eles é uma virtude, uma prática que precisa estar dentro de qualquer time e criar os planos de ações e executá-los é o que vai trazer a melhoria contínua.

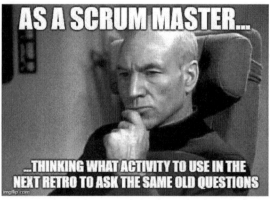

Fonte: https://imgur.com/gallery/GSEKiAd

"O ponto principal sobre o papel do Scrum Master é que: Você precisa ser mais Master em Lidar com o Ser Humano que Master do Scrum."

Lidia Vieira

O QUE NENHUM SCRUM MASTER TE

Capítulo 4. Certificações

André Costa

Com o crescimento da metodologia ágil, devido às entregas mais rápidas e que geram mais valor aos clientes, a certificação Scrum surge como um grande diferencial nos currículos.

É difícil dizer qual a melhor certificação porque cada uma serve a um determinado propósito, possui valor diferente, necessidade de renovação anual e, algumas, ainda possuem custo de treinamento, fora o custo da prova de certificação.

Há outro viés de mercado que, por outro lado, prefere os profissionais que tenham a vivência ou experiência prática com o framework Scrum. Aqueles profissionais que já "experimentaram" na prática o processo empírico. Para esses casos, na descrição da vaga, a certificação se torna um item "desejável" e não "obrigatória", como é o caso de quem busca profissionais certificados.

Embora profissionais certificados ágeis estejam em alta demanda, há apenas um punhado de organismos de certificação cujas credenciais valem a pena para os empregadores e para os candidatos buscando a certificação.

Abaixo descrevo 7 certificações Scrum para que possa comparar e identificar a mais adequada para a sua necessidade.

1. Certified Scrum Master (CSM) - Scrum Alliance
É a Certificação Scrum Master mais usada.
Pré-requisitos: Não há.
Procedimento de Certificação: Você deverá participar de um treinamento de dois dias de duração, após o qual deverá fazer um teste online. O treinamento de dois dias é conduzido por um Certified Scrum Trainer que foi autorizado pela Scrum Alliance.

Custo: US $ 625

Renovação: a cada dois anos, pagando uma taxa de US $ 100 sem qualquer exame ou treinamento adicional.

2. Advanced CSM - Scrum Alliance

Pré-requisitos: mínimo de doze meses de experiência de trabalho para se tornar um CSM avançado, além do conhecimento básico do Scrum, juntamente com seu uso e implementação.

Procedimento de Certificação: Você terá que participar de uma oferta educacional de ACSM certificado para aprender técnicas e habilidades que vão além do básico do Scrum, como interação, coaching, facilitação e dinâmica de equipe. Além disso, você deverá ter uma experiência de 12 meses como Scrum Master de trabalho nos últimos cinco anos.

Custo: US $ 800

Renovação: a cada dois anos, pagando uma taxa de US $ 175, sem qualquer exame ou treinamento adicional.

3. Certified Scrum Professional (CSP-SM) - Scrum Alliance

Pré-requisitos:

Uma certificação A-CSM ativa

2 anos de experiência como Scrum Master nos últimos 5 anos

Participar de um workshop oficial CSP-SM.

Custo: a certificação custa em torno de US $ 1495.

4. Professional Scrum Master (PSM) - Scrum.org

Curso de dois dias que cobre a teoria e os princípios do Scrum Framework e as funções de um Scrum Master. Este curso combina exercícios baseados em equipe com instruções para ensinar o coração do movimento Scrum e Agile.

Pré-requisitos: Não há.

Custo: a partir de US $ 150. (não há renovação)

5. SAFe 5.0 Scrum Master (SSM) - Scaled Agile

Curso de dois dias, que inclui o aprendizado da facilitação do Scrum em empresas e a execução do Planejamento de Iteração.

Pré-requisitos:

Familiarizar-se com os conceitos e práticas do Agile.

Conhecimento básico de Scrum, XP e Kanban.

Conhecimento de processos de desenvolvimento de software.

Custo: A primeira tentativa do exame está incluída na taxa de inscrição do curso, desde que o exame seja feito dentro de 30 dias após a conclusão do curso. Depois disso, cada retomada custa US $ 50.

6. Scrum Master Certified (SMC) - SCRUMstudy

Os profissionais que são certificados como Scrum Master Certified (SMC) garantem que a equipe Scrum está trabalhando em um ambiente que os ajuda a concluir seu projeto com sucesso. O Scrum Master tem a responsabilidade de garantir que o processo Scrum esteja sendo seguido. Ele orienta as práticas do Scrum para todos os envolvidos no projeto.

Pré-requisitos: Não há pré-requisitos específicos para esta certificação, mas um profissional certificado SDC ™ é mais preferido.

Custo: US $ 450

Renovação: não há

7. Agile Scrum Master (ASM) - Exin

Combina metodologias ágeis com atribuições práticas. Ele testa a habilidade do profissional em facilitar, habilitar e treinar um Time Scrum multifuncional como um Scrum Master.

Pré-requisitos: Concluir com êxito um Treinamento do Agile Scrum Master credenciado EXIN, que é obrigatório.

Custo: US $ 260 (não há custo de renovação)

Dentre as opções apresentadas, entendo que a certificação PSM da Scrum.org possui o melhor custo-benefício, pois não há custos adicionais de renovação.

Além disso, tem sido a opção da maioria dos profissionais atualmente.

Os valores de referências apresentados nesse capítulo são referentes a data da publicação do livro (novembro/2020)

REFERÊNCIAS

https://robsoncamargo.com.br/blog/Certificacao-Scrum

https://www.cio.com/article/3391591/scrum-master-certification-top-9-certs-for-agile-pros.html

https://www.knowledgehut.com/blog/agile/top-paying-scrum-certifications

http://metodologiaagil.com/certificacao-scrum-master/

Capítulo 5. Iniciando como SM

André Costa

No capítulo 11 (Implementação do Ágil Top-Down / Bottom-Up/ MIX, quais são os pontos positivos e negativos sobre essas abordagens?), abordarei a questão do início da jornada da agilidade e de onde deveriam partir as iniciativas de mudança, se utilizando uma estratégia Top-Down ou Bottom-Up. Nela, menciono que a melhor abordagem seria um mix de ambas as estratégias, para que as iniciativas de mudança surtam o efeito desejado de forma mais assertiva.

É importante salientar que a implantação de qualquer metodologia normalmente requer um pré-requisito principal para dar certo: o apoio e a participação do board da empresa.

Não adianta apenas boa vontade, motivação, iniciativa e conhecimento técnico sem a participação e o aval de patrocinadores da mudança.

Mas isso não significa que não é possível implantar o Scrum sem que a empresa esteja também se adequando à agilidade.

Abaixo eu descrevo algumas ideias de como é possível implantar o SCRUM de maneira suave e ir trabalhando o mindset para os conceitos da agilidade.

INICIANDO O PAPEL DE SCRUM MASTER

1) REUNIÃO DIÁRIA
Diariamente, reúna a equipe e comece a fazer três perguntas a cada integrante do time: "O que você fez ontem? O que você fará hoje? O que você pretende fazer amanhã?" E faça uma quarta pergunta ao final: "Quais são seus impedimentos para concluir a(s) atividade(s)?". Essa é uma forma de maximizar a comunicação

entre a equipe. E o principal: pelo menos uma vez por dia TODOS estarão reunidos no mesmo horário.

2) ACOMPANHAMENTO

Estabeleça o conceito de períodos fixos de acompanhamento (sprints). Defina prazos de acompanhamento a cada 2 ou 4 semanas e mantenha esse prazo fixo, de acordo com a escolha (2 ou 4 semanas).

3) LISTA DE ATIVIDADES

Defina uma lista de atividades a serem realizadas (backlog do produto). Levante as funcionalidades que precisam ser construídas, priorize-as de acordo com a Relevância, Urgência e Tendência e discuta cada uma delas, fazendo com que o time estabeleça estimativas de esforço e prazo e as definições de aceite de cada funcionalidade.

4) QUADRO DE TAREFAS

Construa um quadro onde todos tenham visibilidade do andamento das tarefas. Coloque três colunas: "a fazer", "fazendo" e "feito". Com o passar do tempo e maturidade do time, é possível agregar mais informação, como impedimentos, tarefas não planejadas, etc.

5) RETROSPECTIVAS

Ao final de cada período de acompanhamento, use o quadro de tarefas como guia e faça uma retrospectiva com o time. Puxe os insights de cada um sobre o que foi bom, o que foi ruim e o que poderia ser melhorado nessa nova forma de trabalho e, ao final, crie iniciativas de melhoria para o próximo período e permaneça acompanhando-as a cada nova retrospectiva. O ideal é que essa reunião seja bem informal, para que todos se sintam à vontade para se abrir e falar. Você pode levar, por exemplo, caixas de biscoito ou chocolates para quebrar o clima formal.

CONCLUSÃO

Conforme eu descrevi, é possível começar a trabalhar com o Scrum de dentro de um time para fora, ou seja, para toda a empresa.

Escolha um projeto piloto de pouca complexidade para iniciar e agregue ao time pessoas que você perceba que já têm um mindset mais voltado para a novidade e inovação e que sejam as defensoras dos benefícios alcançados.

Convide alguns stakeholders para acompanhar as entregas que o time tem feito e saliente que estão mais estruturadas e consistentes (com o tempo isso começará a acontecer. Espere que aconteça antes de anunciar).

Se você seguir as dicas acima, em pouco tempo, a implantação completa será apenas um pequeno passo.

Você pode, ainda, de forma paralela a essas novas iniciativas, realizar palestras e workshops sobre agilidade e Scrum para o seu time, após algumas retrospectivas, alinhando com a teoria empírica do Scrum. Futuramente, convidar outros times para conhecerem os benefícios que a mudança tem trazido para a entrega de valor para a empresa.

REFERÊNCIAS
https://www.tiespecialistas.com.br/scrum-metodo-conta-gotas/

Capítulo 6. Erros mais comuns

Eliane Andrade

Liderança servidora é o termo mais correto para descrever o papel de um Scrum Master. Servir, ajudar, mentorar, esse é o papel principal de um Scrum Master e todos devem ser apaixonados por isso!

No dia a dia, pode acabar sendo um pouco diferente em algumas situações e, nesse momento, acontecem alguns pequenos deslizes. O Scrum Master deve se privar de algumas atitudes que podem degradar ao invés de construir, mas o Scrum Master é humano e sujeito a falhas também!!!

Um Scrum Master jamais deveria ser também um Gerente de Projetos. Com o advento da transformação ágil nas empresas, é natural que elas busquem intitular seus gerentes de projeto como sendo Scrum Master, da mesma forma com que intitulam seus analistas de negócios e requisitos como Product Owner. Porém, é um grande erro, uma vez que esses profissionais têm arraigado ainda neles a gestão comando e controle do modelo cascata, que os impede de exercer na totalidade o modelo "servil" e colaborativo que necessitam para a nova função.

Crédito: Giovanni Venturini

"Scrum Master não é chefe logo, Scrum Master não delega tarefas. Scrum Master é alguém a ser seguido por inspiração, alguém para ser admirado pela sua habilidade em fortalecer laços e aperfeiçoar a habilidade das pessoas, a retirar sentimentos tóxicos dentro de um time que o impeça de crescer." (https://www.linkedin.com/pulse/5-coisas-que-voc%C3%AA-jamais-deve-fazer-como-scrum-master-andr%C3%A9-pinheiro/)

Ao ser contratada como Scrum Master em uma consultoria que trabalhava nos dois modelos, ágil e cascata, dependendo do cliente, certa vez ouvi de uma pessoa que iria me apresentar num cliente a seguinte frase: "Nesse projeto eu sou a GP, você é só a Scrum Master ouviu?". Eu dei um sorrisinho e respondi a mim mesma: "Graças a Deus!". Não fiquei nesse projeto uma vez que de ágil ele só tinha o nome e o cliente não tinha a menor vontade de que isso mudasse.

Concluindo, **Scrum Master é servidor e não impositor. É líder e não chefe!**

Embora seja um grande conhecedor do framework e de como utilizá-lo, o Scrum Master não deve impor e exigir a execução do mesmo ao pé da letra, escrito em pedra. O entendimento e o melhor emprego do framework devem acontecer de forma natural. De nada adianta um Scrum Master com o Scrum Guide debaixo do braço chicoteando o time para que decorem regras, ao contrário, o Scrum Master deve levar o time a perceber por si só o que funciona e como funciona, mostrando na prática, no dia a dia, juntos.

Fonte: Scrum Guide

Outro ponto que alguns Scrum Master pecam é no controle do timebox. Para passar em uma prova de certificação esse é um dos pontos que devem estar muito bem "decorados": Timebox de cada cerimônia! Porém, do que adianta o Scrum Master no decorrer de uma determinada cerimônia ficar com um cronômetro em mãos e ao "soar o alarme" dar aquele grito de ACABOU!!! Sendo que o propósito da cerimônia não foi atingido. É necessário que o Scrum Master saiba ceder, conduzir, facilitar, desta forma evitará grandes estouros de timebox e, com o tempo, o time vai se aprimorando e o tempo passa a ser suficiente para a realização da cerimônia.

https://www.visual-paradigm.com/scrum/what-is-time-boxing-in-scrum/

O Scrum Master preza pela transparência. Logo, ele deve ser o mais transparente possível. O Scrum Master deve ser confiável. O time deve ter nele a garantia de que é alguém para agregar, ajudar e não para denegrir. Um grande problema que alguns times enfrentam é ter no Scrum Master uma pessoa "leva e traz". Alguém que pega uma informação trocada pelo time e leva adiante sem que todos concordem. O Scrum Master não deve, nunca, ferir a confiança do time.

O QUE NENHUM SCRUM MASTER TE CONTOU...

Um ponto importantíssimo também a ser considerado é quando o Scrum Master apoia mais de um time ou até mesmo se encontra num *ART (SAFe - Agile Release Train)* onde muitos times atuam em conjunto. O Scrum Master jamais deve comparar os times. Nunca se deve dizer no time X eles fazem dessa forma melhor do que no Y. Ou mesmo, a velocidade do time X é bem inferior ao time Y. Ou qualquer outra comparação. Cada time tem seu propósito, seus dons, seu modo de trabalhar e consequentemente terá seu sucesso e seus problemas. O Scrum Master deve estar sempre disposto a apoiá-los e para isso pode e deve usar experiências positivas vivenciadas em outros times, mas nunca em forma de comparação.

Existe um ponto que considero bem difícil de controlar, mas que todo Scrum Master deve praticar que é a não interferência verbal no time e / ou nas pessoas. O comportamento ideal é: se alguém está falando, mesmo que esteja errado, aguardar, esperar finalizar o raciocínio, ver se alguém no time não irá corrigi-lo e, caso isso não ocorra, o Scrum Master pode levantar um pensamento, sugerir alguma questão que leve as pessoas a repensarem o ponto levantado. E, em se tratando de pessoas, o Scrum Master não deve falar, propor, interferir, a não ser que essa pessoa peça sua opinião. O Scrum Master deve ser exemplo e não ditador de regras.

https://creazilla.com/nodes/56097-zipper-mouth-face-emoji-clipart

Por último, mas não menos importante, o Scrum Master não deve, em hipótese alguma deixar de praticar melhoria contínua (*kaizen*). O time precisa acreditar em si mesmo, precisa ter sempre a certeza de que está crescendo, melhorando e, para isso, o Scrum Master não pode deixar de atuar de forma efetiva nas retrospectivas. Fazer uma retrospectiva para seguir o framework e simplesmente coletar informações de nada adianta. É necessário que o Scrum Master saiba qual tema empregar, leve o time a identificar pontos de melhoria e traçar planos de ação para empregar essas melhorias. Mas, mais importante ainda, é que o time execute esses planos de ação e consiga medir os resultados que eles geraram.

Muitos outros pontos aprendi que são necessários aperfeiçoar e muitos ainda aprenderei com toda certeza, mas esses relaciono como sendo os que já vivenciei e entendo como grandes pontos de aprendizado e melhoria no meu dia a dia como Scrum Master.

Capítulo 7. Melhoria contínua no SM

André Costa

O Scrum Master possui um papel claro de melhorar a produtividade e performance dos times. Mas como ele pode melhorar a sua forma de atuação?

Ao final deste capítulo, a intenção é que o leitor entenda quais são os pontos onde o Scrum Master pode melhorar a sua forma de atuação e tentar direcionar áreas onde pode adquirir mais conhecimento para ampliar sua forma de trabalho na jornada da agilidade.

AS FASES DO SCRUM MASTER

Antes de abordar o tema em questão, gostaria de compartilhar uma visão um pouco mais histórica sobre a atuação do Scrum Master ao longo do tempo e como esse papel é visto nos dias atuais pela indústria de software e de produto.

Inicialmente, o Scrum Master carregava o chapéu principal de facilitador ou removedor de impedimentos, com atuação na blindagem do time contra interferências externas, aumento de produtividade, uso dos princípios Scrum e uma forte cooperação, conforme se vê na figura abaixo.

Esse momento é considerado como sendo um marco de atuação, onde o Scrum Master atuava em uma versão 1.0.

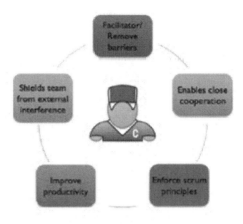

Fonte: www.agilebuddha.com

Nesse papel, o Scrum Master 1.0 utilizava o framework Scrum ao pé da letra (essa é a minha tradução livre do termo "by the book") e enfrentava alguns problemas, como falta de efetividade de POs, resistência a mudanças e POs ocupados demais para dar atenção aos times.

Os POs tornavam-se gargalos no processo, mas entendo que isso não era causado deliberadamente por vontade deles, mas pelo contexto de negócios, que entendia que esse papel poderia ser dividido entre contextos diferentes, ou seja, fazer mais de uma coisa ao mesmo tempo, ou ainda, podemos interpretar como sendo atuar no desenvolvimento de mais de um produto em paralelo.

Para endereçar essa falta de propriedade sobre o produto, o Scrum Master passou a auxiliar os times na parte da análise de negócios, gestão e priorização de backlog e gestão de stakeholders, conforme a figura abaixo.

Podemos entender que o Scrum Master atuava na versão 2.0, tornando-se mais um Scrum Coach para os times e stakeholders.

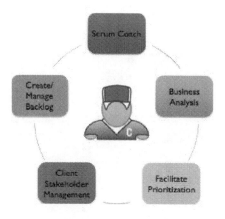

Fonte: www.agilebuddha.com

Com essa melhoria na atuação, o Scrum Master passou a ajudar bastante o papel do PO, aportando bastante valor ao negócio.

Com o mundo em constante evolução, o momento em que as empresas vivem hoje é chamado de VUCA (acrônimo para Volátil, Incerto, Complexo e Ambíguo), onde há uma dificuldade intrínseca em mudar a forma de pensar (mindset) das pessoas. A criatividade se torna essencial para propiciar e sustentar as mudanças que os negócios necessitam nesse contexto

Com isso, o Scrum Master passa por outra etapa de melhoria no seu papel, agregando criatividade de dentro dos times para a organização como um todo.

O próprio Guia Scrum 2017 reconhece este novo papel, descrevendo que "o modelo de time é projetado para otimizar a flexibilidade, criatividade e produtividade.

O Scrum Master, então, agrega os conceitos de Management 3.0 e utiliza suas práticas, ferramentas e conceitos de gamificação para introduzir as mudanças necessárias não somente no negócio e na cultura das empresas, mas nas lideranças dos grupos dentro de cada organização.

Nesse contexto, entendemos que o Scrum Master atua em sua versao 3.0, com habilidades de liderança facilitadora, onde inspira e influencia pessoas e comportamentos.

E o que significa, então, ser um líder facilitador?

Um líder facilitador é aquele que possui as seguintes habilidades:

- Capacidade de servir e ajudar os outros. Ter empatia com os pontos de vista dos outros, agregando valor a eles de forma não destrutiva.

O Scrum Master é um líder-servidor do Time Scrum (Guia Scrum 2017)!

- Capacidade de comunicação de forma não violenta.

O Scrum Master lidera e treina a organização na adoção do Scrum (Guia Scrum 2017)!

- Capacidade de indagar humildemente sobre as principais decisões. Estar totalmente presente e ouvir ativamente durante as conversas.

O Scrum Master ajuda os funcionários e partes interessadas a compreender e implementar o Scrum e o desenvolvimento empírico de produtos, facilitando os eventos Scrum conforme solicitado ou necessário (Guia Scrum 2017)!

- Capacidade de envolver colegas de trabalho, subordinados e superiores, sem distinção, e impulsionar uma mudança propositalentre eles.

O Scrum Master ajuda aqueles fora do Time Scrum a entender quais de suas interações com o Time Scrum são úteis e quais não são (Guia Scrum 2017)!

Podemos, assim, resumir essas três fases do Scrum Master de acordo com a figura abaixo:

ScrumMaster 3.0

Fonte: www.knowledge21.com.br

Em um artigo da consultoria Knowledge21, a empresa propõe um modelo para a agilidade, distribuindo as áreas de conhecimento em 4 (quatro) domínios distintos, de forma a categorizar o conhecimento em torno de cada tema. A figura abaixo apresenta essas categorias e também um mapa de conhecimentos dentro de cada um dos domínios.

Domínios de Conhecimento em Agilidade

Negócio	Negócio	Cultural
	Produtos	Melhoria contínua
	ROI e Priorização	Motivação
Cultural	Estimativas	Autonomia e Propósito
	Metas	Quebra de paradigmas
	Releases	Interdisciplinaridade
	Contratos	Liderança
Organizacional	Técnico	Organizacional
	Qualidade	Métodos
	Automação	Times
	Ferramentas	Fluxo de trabalho
Técnico	Padrões	Ciclo desenvolvimento
	Maestria	Processos
		Frequência de entrega

Fonte: www.knowledge21.com.br

De acordo com a explicação a seguir, esses são os significados dos itens em cada área:

- domínio Negócio: o Scrum Master pode buscar entender os assuntos que estão ligados aos produtos e objetivos estratégicos da empresa, como cálculo do Retorno do Investimento do produto, técnicas de priorização de backlog, planejamento de entregas e contratos no contexto da agilidade. Esse domínio representa a maior parte do conhecimento que o Product Owner deve ter.

- domínio Cultural: o Scrum Master pode melhorar dois assuntos extremamente importantes para a agilidade: a quebra de paradigmas e a melhoria contínua. Além disso, pode focar na auto-organização e a motivação de indivíduos e times.

- domínio Organização: o Scrum Master pode buscar melhores métodos de trabalho, melhorar o ciclo de desenvolvimento do produto e o processo iterativo, além de otimizar a distribuição das pessoas nos times.

- domínio Técnico: o Scrum Master pode melhorar a forma de trabalho do time, como automatizar processos, cujas melhorias refletem diretamente nos demais assuntos técnicos, como qualidade, padrões, ferramentas, e boas práticas de engenharia de software, onde se destaca a eXtreme Programming.

CONCLUSÃO

Conforme descrito nesse capítulo, o conhecimento e a atuação do Scrum Master vêm evoluindo ao longo do tempo. Sendo assim, entendo que o profissional que desempenha esse papel também precisa evoluir!

E precisa evoluir porque o Scrum Master é aquela pessoa que carrega a bandeira da agilidade e traz as novidades para dentro da empresa, trazendo benefícios não apenas para o seu time, mas para a organização como um todo.

Acredito que há pontos de aprendizado e melhoria em todas as "versões" pelas quais o Scrum Master vem passando e destaco a importância do Scrum Master conhecer sobre a liderança facilitadora. Por ser um item bastante específico, essa é uma ação de melhoria de mais curto prazo.

Como ações de médio e longo prazo, investir tempo aprendendo sobre os domínios de conhecimento é um indicativo de que dará mais profundidade para o Scrum Master do que apenas o "fazer o ágil", amplificando o "saber o ágil", que é o que permeia a jornada da agilidade!

Referências:

http://www.agilebuddha.com/agile/agile-thinking-continuous-improvement-scrummaster-1-0-to-2-0/

https://medium.com/serious-scrum/scrum-master-3-0-a-facilitative-leader-a21566b1c70d

https://knowledge21.com.br/blog/scrummaster-3-0-no-agile-trends/

https://knowledge21.com.br/blog/ate-onde-vai-agilidade/

Capítulo 8. As surpresas

Lidia Vieira

Para me tornar Scrum Master, fui realizando um trabalho de captação de conhecimento dentro da agilidade. Me envolvendo em Meetups, Workshops, Treinamentos, Comunidades, buscando certificações que me tornassem apta a exercer a função.

Entre o que criamos de expectativa do que é ser um Scrum Master e efetivamente como é o nosso dia a dia, há algumas surpresas.

Uma das questões que me motivou a ser Scrum Master é o fato de poder facilitar o dia-dia do time, gosto muito de agregar e somar para o bem comum.

Automotivação

Dificilmente será notado que a sua facilitação, suas dinâmicas, suas conversas, suas remoções de impedimento, sua escuta ativa tiveram um papel relevante na mudança e resultados dos times. Não digo que nunca será notado, mas não se frustre se não perceberem o seu empenho.

Como Scrum Master precisará se auto motivar todos os dias, saiba o que está fazendo e com que propósito.

Quando o time conquistar a visibilidade e o resultado aderente ao plano de ação traçado, comemore muito e não se frustre se alguém não atrelar os resultados às ações realizadas.

Renunciar e se calar

Ser Scrum Master muitas vezes exige de nós renúncia, renúncia de nossa própria opinião e possíveis soluções.

Entender que você está ali para trazer reflexões ao time, para que os mesmos decidam o melhor caminho. O melhor caminho não poderá ser ditado por você, por mais que sua intenção seja ajudar. Primeiramente você precisa promover um ambiente de autonomia para o time, preparando-os para tomada de decisão. Seja um bom ouvinte, tenha uma escuta ativa com os integrantes do time e entenda que o time é responsável pelas decisões, não o Scrum Master.

Por mais que o Scrum Master preveja que o caminho trilhado não terá um resultado tão positivo, muitas vezes você precisará deixar o time trilhar o caminho escolhido para que o conhecimento e amadurecimento do time seja adquirido.

Mas não confunda o silêncio com omissão, não omita sua participação nesta caminhada, trabalhe formas de promover esse autoconhecimento ao time sem comando e controle. Forme profissionais, forme times autônomos e independentes do papel de Scrum Master. O caminho não é fácil e as rotas escolhidas dependerão de sua ótima observação e interpretação de cenários e pontos que precisam ser melhor trabalhados com o time.

Apoiar e promover esse aprendizado ao time, não é uma tarefa tão simples, mas está aí um ótimo desafio de ser um Scrum Master.

Bombeiro

Muitas vezes, em decorrência da linha normal de aprendizado, é necessário deixar que o time erre e aprenda rápido, de uma forma aceitável e que gere baixo impacto para o negócio.

Neste caso, mesmo que tenha uma visão desses impactos, é necessário ter resiliência e entender que em determinadas vezes, será necessário atuar como bombeiro, apagando determinados incêndios ocasionados em decorrência das ações e escolhas do time.

Isso exigirá de você paciência e resiliência para apoiar nas tratativas corretivas, novas discussoes e reflexoes de solução com o time.

Fonte: https://br.freepik.com/vetores-premium/desenho-de-bombeiro_2526300.htm

Não é só o fato de resolver, é o fato de resolver em equipe e promover a associação de conhecimento no time, promover um ambiente de aprendizado contínuo e entender o ritmo e o momento do time.

Certificação não prepara Scrum Master

Um dos requisitos para se tornar um Scrum Master é ser certificado como tal por empresas de referência na agilidade. É ser referência para a equipe no Framework Scrum. Mas ser Scrum Master vai além de qualquer certificação. Certificação é só uma pontinha do Iceberg.

Todo o contexto necessitará de muito jogo de cintura do Scrum Master, improviso, versatilidade e capacidade de se adaptar. Entender que para implantar o Framework depende muitos das pessoas entenderem e compreenderem o propósito de tal e que vejam valor e resultados efetivos no que está sendo criado.

Fonte: https://prefacio.com.br/gestao-de-midias-sociais-por-que-voce-precisa-de-um-profissional-para-faze-la/

Essa são as principais surpresas que pude listar com a experiência do trabalho com Scrum Master.

Capítulo 9. Os orgulhos

Lidia Vieira

Exercer o papel de Scrum Master não é uma tarefa muito simples. Na verdade, você faz tudo para que o processo, as pessoas, os resultados sejam alcançados, mas na realidade você Scrum Master não é a pessoa que realiza de fato o ato. Você apoia, facilita, proporciona a evolução de perspectivas e pensamentos do time, você tem o seu valor nos resultados, mas talvez precisará entender que somente você notará este valor, e tudo bem, é assim mesmo.

Então o papel do Scrum Master exige de nós um autoconhecimento gigante e automotivação para enxergar o tão aguardado resultado e proporcionar inciativas que gerassem no time tal visão de valor.

Então irei citar aqui os maiores orgulhos do trabalho de Scrum Master:

Agente de transformação

Ao mesmo tempo que é desafiador, é uma ação que nos fornece muito orgulho. Capturar o quanto o time se transformou na sua forma de pensar, agir e colaborar, entendendo uma visão de cadeia de entrega de valor e os mesmos percebendo-se como parte integradora de um ecossistema. O Scrum Master necessita passar para o time, e se necessário até mesmo para empresa, a importância do mesmo não ser somente executor, trazer o time e aproximá-lo do negócio e incentivar o Framework Scrum e principalmente as bases da agilidade, buscando a transformação do time, da empresa, do produto e das pessoas.

Fonte: https://www.cloudcoaching.com.br/agente-de-transformacao/

Facilitador

Ser facilitador gera uma satisfação grandiosa, pois tornamos as coisas mais simples, viabilizando resultados. Segue aqui o breve descritivo do que é ser facilitador: " É alguém que ajuda um grupo de pessoas a compreender os seus objetivos comuns, auxiliando-os a planejar como alcançar estes objetivos. Ao fazê-lo, o facilitador permanece "neutro", o que significa que ele ou ela não toma uma posição particular na discussão" Fonte: Wikipédia

Fonte : https://aprendeai.com/carreira/visual-thinking-metodo/

Time

Está aqui o motivo de maior orgulho em ser Scrum Master, na minha opinião.

É uma sensação maravilhosa participar do dia a dia do time, dos perrengues, das vitórias, das evoluções, das quebradas de cara nos percursos, onde tudo faz parte do aprendizado contínuo, na busca de melhorias, em experimentar novos caminhos e chegar a resultados por consequência novos na mesma proporção das ações colocadas em prática.

- Essa colaboração nos une cada vez mais em busca do resultado
- Facilitar esse dia-dia
- Apoiar o time
- Estudar formas e estratégias para ajudar o time a encontrar a solução
- Promover pensamentos críticos
- Trazer essas perspectivas de forma colaborativa
- E mostrar para eles, o quanto eles são capazes de proporcionar valor ao negócio, facilitando a vida do cliente e trazendo impactos em uma cadeia bem maior que só o quadrante do time
- Deixá-los ciente das responsabilidades e compromissos que os mesmos possuem
- E a importância de um trabalho ético e profissional.

Fonte: https://blog.nucont.com/como-motivar-uma-equipe/

Satisfação dos clientes / Produto

A satisfação do cliente, a solução de uma problemática, o alívio de uma dor sofrida por tempos pelos nossos clientes e que com a

O QUE NENHUM SCRUM MASTER TE

dedicação e trabalho da equipe foram sanados, é a prova real que estamos percorrendo o caminho correto.

Essa conquista enche o coração do Scrum Master de orgulho, e mostra resiliência. O facilitador é neutro, e as vezes se cala mesmo tendo vontade de falar.

O facilitar cria oportunidades de aprendizado do time, ele não dá as respostas. No final de tudo entendemos que o gosto da conquista fica muito melhor quando é o time que faz acontecer e que você participou apoiando para eles fossem capazes de chegar ao objetivo do negócio, resolvendo os problemas e retirando as dores do usuário/cliente/stakeholders.

Quando esses ganhos e esses feedbacks positivos ocorrem da parte do cliente para com a solução desenvolvida, o Time compreende e entende o valor de seu profissionalismo, dedicação e jornada; e consequentemente não tem como não ter orgulho de ser Scrum Master neste cenário. Você lembra dos impedimentos retirados, das pedras quebradas, das estratégias desenhadas, de muito estudo de como trazer reflexões que levem a equipe para um caminho de sucesso.

Fonte: https://pt.123rf.com

Capítulo 10. Múltiplas squads

Lidia Vieira

Falando de uma forma bem generalista e englobando qualquer situação em que se precisa obter resultados progressivos e melhoria contínua, o foco traz resultados muito mais consistentes e assertivos. Quanto mais dedicados estivermos, melhores serão os resultados e a velocidade que iremos alcançar.

Não encontrei um estudo científico que direcione para uma quantidade exata de times por Scrum Master, mas é notório e constatado que o paralelismo nos leva para os caminhos da improdutividade. O foco é o nosso maior aliado, pois com ele nos concentramos no que é importante e trabalhamos na entrega ponta a ponta, sem nos dispersar para outras atividades.

A energia depositada em focar em uma tarefa, desfocar dela, focar em outra nos leva para a armadilha de iniciar muitas atividades e finalizar poucas. É necessário encontrar esse limite, nos adaptarmos e nos estudarmos de forma macro e com indicadores simples que demonstrem que os pequenos resultados estão sendo obtidos.

Fonte: https://pt.123rf.com/

Levando em consideração a minha experiência atual, e a necessidade de um Scrum Master estar participando, analisando e apoiando o time no seu dia a dia, criei uma visão da Escala de foco do Scrum Master para com o time e algumas características de cada estado.

Proporção SM x Time	Classificação Foco	Características
1 Time	Extremamente focado	*Melhor capacidade de análise e inspeção. *Trabalho dedicado e direcionado. *Menor probabilidade de dispersão com variantes não relacionadas com o time. *Maior probabilidade de atender os planos de ação, pós inspeção. *Consequentemente, maior produtividade
2 Times	Parcialmente focado	*Necessita realizar uma boa gestão do tempo. *Necessita de maior atenção e validação das organizações de cerimônias e ritos da agilidade para ambos os times, maior probabilidade de falhar em alguma estruturação. *Dificuldade de estar dedicado. *Maior dificuldade de implantar os planos de ação, pós inspeção da forma desejada, devido ao paralelismo. *Necessita de uma organização melhor e de prioridades, as mesmas necessitam estar bem divididas em pequenas atividades para assim evoluir com os times.

		*Probabilidade de não conciliar a necessidade dos times e a sua disponibilidade, necessidade de maior transparência e compreensão do time para o Scrum Master e vice-versa.
+ de 2 Times	Desfocado	Acredito que a partir daí, sendo Scrum Master, fica bem complicado realizar um trabalho evolutivo com os times e de qualidade. E que com mais de dois times há uma probabilidade do time não se sentir apoiado o suficiente e causar uma frustração no Scrum Master de não conseguir atingir os objetivos.

Baseado na tabela acima, o Scrum Master trabalhando com 3 times simultâneos já entra num cenário de desfoque e o risco de frustração e improdutividade aumenta drasticamente.

Segue de forma mais detalhada os principais desafios de trabalhar como Scrum Master em mais de um time.

* Assistência nas atividades do dia a dia – Remoção de Impedimentos, Daily, assistência ao PO, assistência ao time.

O dia a dia nos exige versatilidade, boa comunicação e transparência para conseguirmos conciliar a rotina dos times de forma paralelizada.

* Facilitação das cerimônias e conciliação das agendas

Está aí um desafio, adequar os horários dos times, conciliando com a disponibilidade do Scrum Master, facilitar as cerimônias e ter tempo suficiente para prepará-las e organizá-las. Quando se está

O QUE NENHUM SCRUM MASTER TE

mais dedicado a uma squad este ponto fica mais suave.

* Acompanhamento de indicadores

Estruturar e manter atualizado os indicadores dos times, entendendo que cada time tem sua particularidade no processo de desenvolvimento e delivery.

* Organização

Ter tudo muito bem organizado dos times, mediante as atuações do dia a dia e outras atividades, é um desafio. Precisamos ter cuidado, e realizar checagem periódica se estamos mantendo pontos bem organizados. Os detalhes que fazem diferença

✓ O invites estão atualizados?
✓ As métricas dos times estão com dados atualizados do último ciclo ou Sprint?
✓ Estou com o board atualizado?
✓ Planejamento do quartil (Se estiver escalado por exemplo)?
✓ Estamos com planos de ação desatualizados e atrasados, onde queremos chegar e o que é prioritário atacar?

Esses são alguns pontos de cuidado para não se perder no acompanhamento do time.

* Tempo para criatividade e engajamento

Para engajar um time, é necessário observá-los e entender o que os envolve e prende sua atenção, com criação de dinâmicas adaptadas para o mesmo. E para se obter este resultado, precisamos ter tempo para a criatividade e experimentações. Isso exige uma mente mais livre de problemas emergenciais, possibilitando uma visão mais estratégica para a criação de um futuro mais maduro.

* Sintonia e proximidade com o time

    As relações e socialização são bem importantes para aquisição de uma confiança entre o time e o Scrum Master. A confiança adquirida é a chave para que o time fique menos resistente e colabore para a construção de um ambiente ágil e agradável. Quanto mais atividades paralelas você precisa conciliar mais difícil será sua aproximação com o time.

* Trabalho estrutural do Framework, melhoria nos processos

    Capturar insights assertivos, se o processo que estamos atuando é o melhor para apoiar e viabilizar a produtividade do time, exige do Scrum Master uma junção de análises e percepções, e capacidade de solucionar algum gargalo. Extrair se o time também tem essa percepção e trazer reflexões de possibilidades de melhoria e adaptações, esse é um desafio grande e se não estivermos bem organizados, algumas outras ações desandam e inviabilizam sua capacidade de ler o todo e propor ao time possibilidades de melhorias nos processos.

Citei aqui alguns pontos de impacto principais, que exigem atenção do Scrum Master aos detalhes, e que fazem com que algumas coisas se percam e inviabilizem um trabalho com maior qualidade e eficiência. Ter esses cuidados é primordial para desenvolver um bom trabalho atuando em mais de uma squad.

Concluindo, para alcançarmos melhores resultados trabalhando em mais de uma squad, precisamos ter atenção especial aos seguintes tópicos:
- Organização
- Gestão do tempo
- Boa comunicação

- Atuar com prioridades
- Não fazer tudo ao mesmo tempo

PARTE II – O DIA A DIA DO SCRUM MASTER

Capítulo 11: Implementação do Ágil

André Costa

Muitas pessoas acreditam que ser ágil significa ser mais rápido, o que nem sempre é verdade. Além disso, existe uma certa resistência de muitas empresas em relação ao novo, à mudança de cultura, o que acaba aumentando a dificuldade na hora de quebrar paradigmas.

Do ponto de vista estratégico, as organizações tradicionais normalmente iniciam suas mudanças por causa de perdas de receita, novos competidores, novas oportunidades de negócio, fusões, etc. Há sempre alguma "faísca" que inicia essa necessidade de mudança organizacional.

Diante desse cenário, para que a jornada da agilidade seja iniciada dentro das empresas, de onde devem partir as iniciativas de mudança?

Será que o sucesso se dará a partir das iniciativas top-down apenas (C-Level, alta gestão), ou o movimento bottom-up (times, empregados, média gestão) também surte algum efeito, ou será que existe outra abordagem?

A ideia desse capítulo é analisar como cada mudança pode ser iniciada, executada e o que é importante considerar em cada uma, identificando pontos fortes e pontos fracos.

TOP-DOWN

Quantas vezes vimos ou ouvimos uma situação em que uma pessoa muito importante na empresa "anunciou" para os funcionários: "Estamos mudando para o Ágil a partir do mês que vem! Adequem-se, por gentileza!".

Todos fingem uma felicidade, mas, depois, se perguntam "e agora?".

Em uma transformação de cima para baixo, a alta administração é o tomador de decisão que força todos a caminharem em direção à agilidade, às vezes mesmo sem qualquer suporte ou compreensão do que agilidade realmente significa (porque ouviram que é "legal" ou por que entendem que a agilidade no negócio é crucial para o sucesso).

Na verdade, a alta gerência deseja a mudança, mas eles podem não estar dispostos a mudar a si próprios, pois ainda esperam os mesmos relatórios, adoram olhar para as mesmas planilhas do Excel e empurrar os gerentes (agora chamados de Scrum Master ou Agile Coaches) para alcançar melhores resultados, medidos da mesma forma que antes. Isso não soa muito como agilidade!

Como resultado, as pessoas ficam frustradas. Espera-se que trabalhem com mais eficiência, mas ao mesmo tempo não têm apoio e não entendem a nova forma de trabalhar. A Cultura Organizacional não muda muito, então não há uma transformação real, apenas a implementação de novas ferramentas de comando e controle.

Esse cenário apresentado é o pessimista. Há uma chance de que as pessoas dentro da organização aceitem a mudança e se ajudem umas às outras a ganhar agilidade. Pode ser que algumas organizações obtenham sucesso com essa mudança, mas é bem improvável, pelo que vemos no mercado.

BOTTOM-UP

Outro caminho que uma organização pode seguir é a mudança de baixo para cima. Isso significa que uma equipe ou grupo de colaboradores decide mudar sua cultura, sua abordagem, sua forma de trabalhar, geralmente também achatando a hierarquia (chega de crachá!).

Isso geralmente está relacionado com dificuldades internas de trabalho, já que as organizações tradicionais (especialmente as grandes) tendem a trabalhar com processos rígidos. Quando a jornada ágil se inicia dessa forma, geralmente há dois cenários possíveis de acontecer:
- A organização vê potencial em tal mudança, então ela se espalha por toda parte;
- A gestão interrompe a mudança direta ou indiretamente (por exemplo, criando certas expectativas).

A primeira possibilidade (se espalhar) é o que todas as pessoas com pensamento ágil esperam.

Isso requer maturidade organizacional e, de fato, pensamento ágil (pessoas primeiro, comunicação, abertura, etc) já ocorrendo. O "combustível" necessário para a mudança já existe e a equipe responsável é a faísca para atear fogo a tudo.

A segunda opção é o que mais frustra (gestão interrompendo). A gestão pode dizer diretamente: "pare de fazer essas reuniões extravagantes, conselhos e volte ao trabalho" ou até mesmo definir expectativas que a forma mais ágil de trabalhar não as satisfaça ou que seja difícil fazê-lo.

MIX TOP-DOWN + BOTTOM-UP

Ambas as abordagens têm seus prós e contras, como descrito, pois podem terminar com uma transformação bem-sucedida ou com um terrível fracasso.

Então, há uma maneira de aumentar as chances de uma mudança real que possa ajudar a atingir as metas de negócios e criar melhor valor para o negócio?

Como tudo começa pelas pessoas, são elas que precisam entender o propósito e os valores da agilidade. Quanto mais as pessoas fazem, mais elas entendem, e mais as duas abordagens apresentadas acima se misturam.

Com isso:

- As equipes se organizam e trabalham de forma autônoma,

- As equipes aprendem continuamente e compartilham suas experiências,

- Pequenos erros e falhas são percebidos como lições e a gestão apoia essa abordagem,

- As equipes estudam as necessidades e feedbacks dos stakeholders/clientes e se adaptam de acordo,

- A administração participa ativamente da mudança.

CONCLUSÃO

Conforme descrito nesse capítulo, o cenário que mistura a abordagem top-down junto com a bottom-up se mostra mais adequado, com a mudança vindo de ambos os lados.

Transformações ágeis acontecem em diversas organizações, mas é difícil dizer se terão sucesso até que estejam funcionando.

É também um processo muito complexo, que pode falhar terrivelmente em várias etapas. Não se pode simplesmente dizer "siga estes passos e você conseguirá".

Assim como o desenvolvimento de software, é preciso estar focado, cuidadoso e aberto a mudanças a qualquer momento. E a parte mais importante da mudança são as pessoas.

Com a mentalidade organizacional correta (ou com potencial para alcançá-la), a chance de sucesso aumenta significativamente.

Referências:

https://cio.com.br/quando-a-transformacao-agil-se-depara-com-a-realidade/

https://www.softwareone.com/en/blog/all-articles/2019/06/06/agile-transformation-top-down-or-bottom-up

Capítulo 12: Conquistando o time

Eliane Andrade

O Scrum Master é responsável por promover e suportar o Scrum como definido no Guia Scrum. O Scrum Master faz isso ajudando todos a entenderem a teoria, as práticas, as regras e os valores do Scrum. O Scrum Master é um servo-líder para o Time Scrum. O Scrum Master ajuda aqueles que estão fora do Time Scrum a entender quais as suas interações com o Time Scrum são úteis e quais não são. O Scrum Master ajuda todos a mudarem estas interações para maximizar o valor criado pelo Time Scrum. (Scrum Guide – versão em português – página 7). Essa é a definição que todo Scrum Master aprende nos treinamentos e preparatórios para certificações.

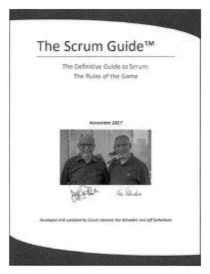

Capa do Livro "The Scrum Guide"

Porém, costumo dizer que a confiança é a base do trabalho de qualquer líder e, principalmente, de um líder servidor.

O Scrum Master precisa conhecer o time, confiar no time e ter a confiança do time que deve se sentir blindado pelo seu Scrum Master. É necessário ter um clima de confiança e isso não se conquista do dia para noite. O Scrum Master precisa trabalhar cada um individualmente e coletivamente.

Acredito que inicialmente o Scrum Master precisa se expor, se deixar conhecer. O exemplo é a melhor forma de liderança. Se o time me conhece e sou aberta aos seus questionamentos, às suas dores, eles irão confiar de expor-se quando necessário sabendo que o intuito é ajudá-los e nada além disso.

http://www.corujagaratuja.com.br/2016/12/versos-rimas-prazer-sou-empatia.html

A primeira coisa que costumo fazer ao chegar em um time, seja ele já formado ou em formação, é me apresentar falando não apenas da minha vida profissional, mas da minha vida pessoal também. Procuro encarar o time como uma segunda família que estará comigo na maior parte dos meus dias.

Assim como numa família os pais precisam dar exemplo aos filhos e não somente ditar regras, o Scrum Master precisa dar exemplo ao time. De nada adianta um Scrum Master dizer, por exemplo, que é necessário ter planos de ação para melhoria contínua quando ele não cumpre com os planos atribuídos a si mesmo.

É de extrema importância que o Scrum Master seja verdadeiro. Não há como fingir o tempo todo. A verdade sempre vai aparecer. Então, o Scrum Master precisa assumir suas fraquezas também. Se não sei, digo que não sei, procuro saber e retorno com o tema quando estiver segura para falar. Se alguém no time sabe e deseja expor sobre o assunto, o Scrum Master deve incentivar. Não é porque o Scrum Master não sabe que ninguém mais pode ter conhecimento sobre o assunto. Scrum Master não é Deus, ao contrário, é um apoio, uma base que o time precisa se sentir confiante para "usar".

O Scrum Master deve demonstrar sempre muito respeito por todos, dentro e fora do time. Uma relação sem respeito, seja em qualquer instância, não é uma relação sólida.

E, além de tudo isso, o Scrum Master precisa se fazer presente. Principalmente nesse momento de isolamento onde os times estão trabalhando de forma remota, sentir-se acolhido, auxiliado, apoiado é essencial para o bom desenvolvimento do time. O Scrum Master precisa deixar sempre no time a sensação de que ele está ali, ao seu lado sempre que precisar. O Scrum Master não é o melhor amigo e sim aquela pessoa que o time pode contar para um direcionamento todas as vezes que forem necessárias.

Particularmente, acredito muito na empatia. Se estou próxima de cada um, entendo as dores, angústias e alegrias de cada um, consigo me colocar no lugar de cada um, vou conseguir aquela palavra ou gesto certo na hora certa. E mais do que isso, vou conseguir surpreender positivamente no momento certo!

Algumas atitudes simples de reconhecimento são essenciais para gerar um clima de "cumplicidade" como, por exemplo, felicitações de aniversário ou por alguma conquista. Isso demonstra que você se importa com a pessoa e o quanto ela é querida. Nos dias de aniversário de todos os integrantes do time, costumo enviar uma lembrancinha para sua casa em nome do time. É um ato simples, que custa tão pouco, mas que rende tanto!

Voltando à questão de estar presente, um Scrum Master pode estar servindo a mais de um time simultaneamente, porém deve sempre se fazer presente em todos da mesma forma: sem privilégios ou preferências. A integração entre os times é um bom passo para um ambiente seguro, confiável, colaborativo e, quem sabe até divertido.

Um ambiente divertido, descontraído é muito importante e o Scrum Master pode e deve ajudar na manutenção desse ambiente. As dinâmicas são uma excelente forma de atuação nesse contexto.

Alguns gatilhos também podem ser usados para manter a integração do time e o bom ambiente como, por exemplo, naquele momento em que todos se calam e o silêncio reina seja por qual for o motivo, um quebra-gelo é muito eficiente: um som de grilo, um "não precisa brigar pessoal, falem um de cada vez" quando fizer uma pergunta e ninguém responder, ou qualquer outro gatilho.

Nesse momento de trabalho remoto principalmente o Scrum Master tem que ficar muito atento à forma com que estará acompanhando o time para evitar que seu trabalho se torne meramente um acompanhamento de timesheet. Não há espaço para isso! O Scrum Master precisa acompanhar o time sempre no intuito de mantê-los seja com instrução, com ação, com métricas ou no que mais necessitarem.

Dessa forma o time se sente num ambiente seguro onde podem se expor sem serem crucificado e onde o desenvolvimento é natural e progressivo pois existe colaboração e empenho de todos e um apoio da liderança no sentido de evolução sempre.

Capítulo 13: Daily sem Status Report

Eliane Andrade

A daily scrum é uma cerimônia que deve ser realizada em todos os dias da Sprint. Nela o Time de Desenvolvimento planeja o trabalho para as próximas 24 horas. Isso otimiza a colaboração e a performance do time através da inspeção do trabalho desde a última Reunião Diária, e da previsão do próximo trabalho da Sprint. A Reunião Diária é mantida no mesmo horário e local todo dia para reduzir a complexidade.

O Time de Desenvolvimento usa a Reunião Diária para inspecionar o progresso em direção ao objetivo da Sprint e para inspecionar se o progresso tende na direção de completar o trabalho do Backlog da Sprint. A Reunião Diária aumenta a probabilidade do Time de Desenvolvimento atingir o objetivo da Sprint. Todos os dias, o Time de Desenvolvimento deve entender como o mesmo pretende trabalhar em conjunto, como um time auto-organizado, para completar o objetivo da Sprint e criar o incremento previsto até o final da Sprint". (Scrum Guide – versão Português – pág. 12).

É comum em times pouco maduros com relação às práticas do framework Scrum que não consigam realizá-la de forma efetiva no início. Então, cabe ao Scrum Master disseminar a cultura de realização da daily e sua prática correta.

Nesse momento é que existe uma pegadinha que o Scrum Master tem que ter muita atenção para não cair: o famoso e muito utilizado "status report".

O time precisa ser direcionado e não conduzido. Quem conduz a daily é o time e não o Scrum Master ou o PO. Caso o time esteja desvirtuando ou não conseguindo manter o esperado na cerimônia, o scrum master pode auxiliar com algumas dicas ou alguns direcionamentos para tentar trazer o foco ao que deve realmente ser tratado.

Uma boa prática a ser **empregada** em times remotos, por exemplo, é combinar que sempre um integrante do time dev irá compartilhar o board de tarefas com os demais. Dessa forma esse acaba por guiar os colegas a expor o trabalho que vem sendo realizado, as dificuldades e/ou impedimentos caso existam e se o andamento das tarefas está de acordo com o necessário para o atendimento da meda da sprint.

Essa prática pode ser empregada também em times presenciais, porém, no lugar de compartilhar o board, essa pessoa pode manipular o board físico, os post-its. Dessa forma, o resultado será o mesmo pois ela estará sendo guiada pelo time na condução dos post-its e estarão trocando sobre o andamento da sprint.

Normalmente, no início dessa prática os **integrantes** do time dev não se candidatam a compartilhar / manipular o board então, o scrum master pode sugerir que o último a se conectar em casos remotos ou a chegar em caso presencial, seja aquele que exercerá esse papel, ponto que ajudará a manter a daily acontecendo sempre no horário previsto.

Com o passar do tempo, já não se faz mais necessário pois eles vão adquirindo confiança e desenvoltura e vão se voluntariando de forma colaborativa e, por incrível que pareça, vão trocando de forma que todos consigam participar desse papel ao menos uma vez.

"A Reunião Diária é uma reunião interna do Time de Desenvolvimento. Se outros estiverem **presentes**, o Scrum Master deve garantir que eles não perturbem a reunião." (Scrum Guide – versão Português – pág. 12)

É comum em times onde a liderança ainda não esteja totalmente transformada, ou seja, onde o Scrum não faça parte de 100% das áreas, que algumas pessoas desejem **acompanhar** a daily. Até aí não há problema desde que o time se sinta confortável com a presença dessas outras pessoas. Porém, o que costuma acontecer é que essas pessoas interrompam a cerimônia para alguns questionamentos como, por exemplo, como as coisas estão sendo feitas, quem está fazendo exatamente o que, o que deveria estar sendo feito poderia ser feito de outra forma, etc.

https://a gileschool.com.br/daily-scrum-x-status-report/

Nesse caso, o scrum master **deve** orientar sobre o propósito da daily, sobre o timebox e tentar agendar um outro momento em que todas as perguntas poderão ser respondidas.

Há também times em que o PO não está familiarizado com o framework e, ao participar da daily, **sente** a necessidade de entrar em detalhe das user stories em andamento, deseja saber como o desenvolvimento está sendo conduzido, e, algumas vezes, a daily acaba por se tornar um refinamento ou até mesmo uma planning fora de hora. Novamente cabe ao scrum master conduzir a situação verificando a real necessidade, se for o caso, de um replanejamento e, nesse caso, da mesma forma, sugerindo um outro momento para que pontualmente se trate do "problema".

Situações de tentativas de transformar a daily scrum numa reunião de status report são **muito** comuns quando há no time uma liderança oriunda do modelo waterfall como por exemplo GPs, PMOs. Alguns scrum masters oriundos desse modelo acabam por também fazer esse papel. Nesse caso tanto o time como o PO podem e devem solicitar que o scrum master aguarde um melhor momento para os questionamentos não cabíveis dentro da cerimônia.

Para se obter uma daily scrum eficaz e eficiente, basta deixar que o time a conduza. Sem perguntas ou questionamentos do Scrum Master, do PO, ou qualquer outra **pessoa** participante. O Scrum Master guia o time quanto ao timebox, quando ao conceito e contexto a serem tratados na cerimônia mas, a partir do momento em que o time já tenha maturidade suficiente, a presença do scrum master nem se faz mais necessária e o time o aciona quando há um impedimento que necessite sua ajuda para solução.

Capítulo 14: Sem virar babá

Lidia Vieira

Está aí um dos principais desafios em se tornar Scrum Master, pois na listagem das atividades do Scrum Master estão:
- O que mais detém o conhecimento do Scrum
- O que retira os impedimentos do time
- O que protege o time

Mas existe um "porém": como fazermos para que estes papéis não nos levem para um cenário de eterna dependência do time, onde nos sentimos como babá sem um futuro de sucesso nos pontos de auto-organização / comprometimento e inciativa?

Assim como ocorre na vida se um novo ser que surge, por exemplo, na vida de um filho. Assim é como no processo de maturação de um time ágil e que precisa ser trabalhado constantemente.

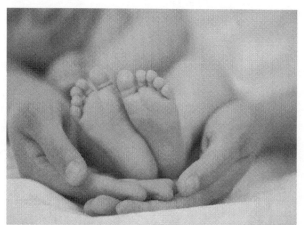

Fonte: https://revistacrescer.globo.com/Bebes/Saude/noticia/2014/06/dia-nacional-do-teste-do-pezinho-saiba-importancia-desse-exame.html

Acredito que na rotina de um time mais jovem na agilidade, exige-se ainda mais do Scrum Master e em algumas vezes teremos um sentimento de paternidade e de babá de um filho totalmente dependente de você.

Segue abaixo um relacional ilustrativo entre a criação de um filho e a evolução de maturidade de um filho para maior materialização do conceito:

	Filho	Times
Base	Discernimento de certo e errado	Aprendizado de boas práticas
	Valores para a vida	Valores na agilidade
	Empatia e colaboração (Viver em sociedade)	Empatia e colaboração (Convivência no time e entre times)
	Atitude, busca de desenvolvimento (Ownership)	Atitude, busca de desenvolvimento (Ownership)
	O que você quer ser quando crescer?	O que estamos buscando, qual objetivo? Orientado a resultados.
	Disciplina - Horário para estudar, dormir, implantar rotina	Disciplina - Cerimônias e cumprimento dos horários combinados, entender o ganho em nos reunirmos para determinado objetivo

É fato que para construir essa base na vida de um pai/mãe para um filho não é de um dia para o outro, assim também não será tão rápido na vida de um time. É necessário ter paciência e foco, e saber que como o filho que deve ser preparado para a vida e não para ser dependente de pai/mãe, assim também o time não poderá ficar dependente eternamente do Scrum Master para tudo.

O QUE NENHUM SCRUM MASTER TE CONTOU...

Não existe uma bala de prata para preparar o filho para o caminho da vida, não existe a mesma para os times se tornarem extremamente independentes e auto organizáveis.

Mas se puder dar uma dica, foque na base. A base forma caráter e forma de agir.

Esta base irá proporcionar mais resultados que realmente praticar um framework, sem conhecimento do porquê agir e implantar determinadas práticas.

Com a base formada, vem aí o aprendizado.

Segue outro exemplo ilustrativo:
Quando o pai vai fazer as compras no supermercado e proporciona ao seu filho uma necessidade ou "impedimento" retirado: a fome.

Assim fazemos com os times, onde temos como Scrum Masters o papel de buscar um meio de trazer o atendimento de uma necessidade que impede o time de concluir seus objetivos.

Logo, desde criança conhecemos os supermercados, pois vamos com nossos pais, o que nos falta é a grana para bancar a conta.

Uma dica para os Scrum Masters, envolva algum componente do seu time para que ele conheça os caminhos que você percorre para chegar na finalização do impedimento, de forma a não impactar a entrega, daí pelo menos o "supermercado ele já irá conhecer".

O próximo patamar é treinar seu time a "captar dinheiro para pagar a conta"

Neste caso programe-se como Scrum Master para trazer esse aprendizado para seu time, como um pai prepara um filho para a vida, pois se o Scrum Master necessitar se ausentar o seu time nao "morrerá de fome". Dê ferramentas a eles para que conquistem o seu pão de cada dia.

Se há algum conhecimento necessário e fundamental para que eles tenham essas necessidades alcançadas, dê a eles. Dilua em workshops esses conhecimentos. É melhor pingar conhecimento que faltar, é melhor o pouco direcionado que nenhuma atitude realizada.

Não pense que seu filho precisará estar trabalhando e se bancando, mas que atitudes proporcionarão ao seu filho todas as ferramentas para ser autônomo.

Foque em suprir o seu time em novos relacionamentos, conhecimentos, ferramentas e dê a ele total autonomia com senso de reponsabilidade.

Transforme um impedimento realizado em conhecimento.

Após um impedimento retirado, tenha uma conversa com seu time e mostre os contatos que foram realizados e ferramentas utilizadas e estimule-os a serem autônomos.

Concluindo, a base forma o time no propósito e o dia a dia reeduca o time e o insere na jornada ágil, a fim de promover maturação e autonomia do mesmo.

O que é impedimento hoje, necessita se transformar em conhecimento para o time, e ter um plano de ação de causa raiz para que o mesmo não persista. Pois impedimento é um cenário que seu time interdisciplinar pode ainda não ter autonomia para

O QUE NENHUM SCRUM MASTER TE

resolver. Caso não seja possível internalizar conhecimento e ações, apresente-os os caminhos e prepare-os para a jornada.

Nesta jornada, o time cada vez se tornará mais entusiasmado e independente na resolução das circunstâncias do dia a dia, e poderá propor rodar até sem Scrum Master. Tornando assim, dispensável o papel do Scrum Master e levando o Scrum Master ao sentimento de dever cumprido.

A felicidade do time e a motivação do time é a motivação de um Scrum Master.

Capítulo 15: Time atualizando os boards

Eliane Andrade

https://www.sabesim.com.br/quadro-kanban-online-ferramenta-inovadora/

Montar um board é um trabalho que parece muito simples à primeira vista. Um board simples com um fluxo básico (to do, doing e done) realmente o é! Mas, ter um board onde você consiga acompanhar e dar visibilidade do real fluxo de trabalho de cada time já se torna um pouco mais complexo.

Um "bom board" deve dar a exata visão de como anda o trabalho do time, os itens trabalhados, suas dificuldades, seus pontos de necessidade de auxílio.

Todo time ao iniciar na utilização de um board, seja ele físico ou digital, tem restrições considerando perda de tempo ter que "parar seu trabalho" para fazer as devidas atualizações. Isso é um sentimento normal. Da mesma forma em que muitas pessoas acham desnecessário e perda de tempo, por exemplo, bater ponto para marcar horas trabalhadas!

Cabe ao Scrum Master (ou o similar agilista em caso de outros frameworks) demonstrar de forma efetiva, clara, os benefícios que um board atualizado traz para o time.

O primeiro passo para que o time se sinta motivado a manter seu board atualizado é ele próprio montar o board. O time deve, em conjunto, pensar no melhor e mais efetivo fluxo de trabalho que suas tarefas devem seguir de forma a ter a maior colaboração e menor quantidade de gargalos possível.

Algumas dinâmicas são importantes nesse momento para mostrar o quanto é importante essa colaboração na fluidez do trabalho conjunto e no sucesso também conjunto do time.

Uma dinâmica muito interessante para se trabalhar a colaboração é a montagem conjunta de uma história. Pode-se trabalhar essa dinâmica em uma cerimônia de Retrospectiva e, no final, ficará claro ao time que se cada membro não colaborar de forma efetiva no contexto a história ficará "sem pé nem cabeça" mas, se todos colaboram, o resultado é muito gratificante.

Nesse momento de criação do board sempre aparece aquela pergunta famosa: "mas por que precisamos ter um board, não bastaria a gente se falar e saberíamos tudo o que o outro está fazendo?".

A resposta é bem simples. Basta questionar de volta quanto tempo eles gastariam, seja levantando e indo à mesa do colega e fazendo o questionamento ou mesmo num acesso por mensagem, voz ou vídeo. Se gastaria tempo também, da mesma forma que puxando um card numa ferramenta de gestão de board ou um post-it num quadro físico! Fora a questão de uma outra pessoa que dependa de determinada tarefa ter que identificar se ela está em andamento, com quem está e em que situação está. Certamente o time seria parado muitas vezes para responder esse tipo de questionamento caso não estivesse refletido num board onde qualquer pessoa tenha acesso.

Daí surge o segundo passo importante nessa maturidade do time quanto à atualização do board: demonstrar o quanto é importante que pessoas externas ao time tenham visibilidade do trabalho que está sendo realizado.

Cada funcionalidade que o time entrega faz parte de um objetivo a ser cumprido e há pessoas e áreas da empresa diretamente ligadas a esse objetivo. Portanto, é importante que essas pessoas tenham a visibilidade a qualquer momento do que foi entregue e do que está sendo trabalhado.

Porém, existe um ponto que o Scrum Master (ou o similar agilista em caso de outros frameworks) precisa se preocupar e trabalhar muito bem: o receio que o time fica de ter seu trabalho controlado no sentido negativo da palavra. Precisa ficar claro que a visibilidade é importante para a tomada de decisões estratégicas por exemplo, mas jamais será utilizada para julgamentos pessoais.

E, finalmente, um ponto essencial para o sucesso dessa maturidade para atualização do board é relativo à conduta do próprio time sob as tarefas realizadas. Times sem um board ou com um board defasado costumam se perder naquilo que deveriam estar atuando ou, até mesmo, no momento que estão e onde deveriam estar para possibilitar a entrega da meta planejada.

Uma boa prática é, durante as cerimônias diárias ou, na ausência dessa, naquela onde o board é exposto, pedir que um colega do time aponte as demandas e o andamento das mesmas quando cada integrante for falar sobre a sua. Seja presencialmente ou remotamente. Isso fará com que cada um vá tendo mais "intimidade" com o board e, mais do que isso, quando ele que faz parte do time **se perde** para localizar uma tarefa que o colega está trabalhando, o Scrum Master tem a chance de demonstrar na prática que o time pode melhorar a questão da atualização.

Outra prática muito interessante é combinar com o time que periodicamente teremos um integrante sendo eleito o *"guardião do board"*. Esse guardião fica responsável por lembrar aos colegas das atualizações e verificar se há algum colega em dificuldades ajudando-o. Caso o guardião não consiga ajudar o colega o Scrum Master é acionado para ajudar a ambos nas suas dúvidas.

Por último, e não menos importante, o time precisa ter a noção exata de quais métricas são extraídas do seu board e o impacto dele não estar atualizado nessas métricas.

Como Peter Drucker diz: "O que pode ser medido, pode ser melhorado". Logo, o time precisa ter a determinação de manter a base de suas métricas atualizada para que suas medidas sejam precisas e reflitam como resultado sua realidade.

Muitas vezes frases como: "Ninguém reconhece o esforço que fizemos para essa entrega", ou, "Não tenho ideia de quanto tempo levarei para realizar essa tarefa", ou ainda, "Quem atuou nessa tarefa no passado pra me dar uma ajuda aqui?"; são ditas e devem ser muito bem exploradas, no bom sentido, pelo Scrum Master. O time não precisa sofrer se tudo estiver registrado e "up to date". Isso fica bem demonstrado quando essas situações ocorrem e o time tem a visão exata da dificuldade que poderia ter sido evitada.

Tudo isso SEMPRE deve ocorrer de forma orgânica, natural, para não gerar estresse e repulsa por parte do time.

Capítulo 16: Desafios com a liderança

Eliane Andrade

https://pt.dreamstime.com/foto-de-stock-flor-da-planta-cresce-em-pedras-image93528899

Um líder precisa florir em meio à pedras e cinzas para seus liderados.

No mercado de TI atual muitas empresas estão se reinventando para se tornarem digitais e nesses processos muitos "promovem" seus analistas de negócios à Product Owners e seus gerentes de projeto à Scrum Master, os agentes de Recursos Humanos depois de um treinamento "viram" Agile Coach. Assim vão se "infiltrando" no mundo da agilidade, sem qualquer preparação esses profissionais vão tentando moldar seus hábitos de liderança ao que o novo cenário propõe. Há muitos casos de sucesso, principalmente nos locais onde há um investimento em realmente realizar uma transformação, porém, em muitos, apenas os rótulos mudam, mas a essência permanece a mesma.

Líderes tóxicos geram liderados infelizes que se tornarão iguais aos seus líderes pois aprenderam com exemplo. Já bons líderes formam bons líderes.

Certa vez, ao ser contratada em uma consultoria para participar da transformação digital em um cliente, ouvi do gerente de projetos responsável pela área a seguinte expressão: *"Aqui você é só o SM ouviu? Eu sou o GP!"*

No meu interior pensei: é a pedra no meu sapato pelo visto. E assim realmente foi. Era um ambiente pesado, hostil, onde os números pairavam no ar o tempo inteiro e as pessoas pareciam sufocadas por eles. Não preciso contar que tempos mais tarde aquela pessoa, por não se adaptar ao novo formato foi substituída.

Conheci muitos líderes nesses 27 anos na área de TI. Alguns autocráticos, outros democráticos, mas que quando uma solução não atende ao esperado tem alguém para culpar. Outros ainda técnicos que entram em detalhe de solução não dando liberdade ao time para atuar.

Nos últimos 4 anos, quando iniciei minha jornada ágil, consegui entender muito do que se passava nos times onde atuei e os motivos de algumas situações. Liderados seguindo exemplo de seus líderes, sendo "adestrados" a caminhar não com as próprias pernas nem dizer suas próprias palavras, mas sim fazer aquilo para o que eram "pagos" para fazer.

Nessa jornada ágil aprendi a ser eu mesma! Poder ser dócil, poder dizer o que o coração mandar. Ouvir críticas e tirar o melhor delas. Poder elogiar sem ser taxada de "puxa-saco". Tratar a todos de igual para igual!

Ainda não é em todos os lugares que se chegou ao nível de liderança ágil máximo, mas muitos estão em busca dessa excelência.

Imagine um Scrum Master que precisa estar junto ao seu time, no dia a dia acompanhando, motivando, direcionando quando necessário, cultivando o mindset, transformando, se não estiver num ambiente onde lhe seja "permitido" essa atuação.

O Scrum Master necessita também evoluir, precisa também ser acompanhado, receber críticas e dicas para sua melhoria contínua. É, caso sua liderança nao atue dessa forma, além de correr o risco de não ter feedback sobre sua atuação, sobre o que precisa trabalhar mais, acaba por se tornar um profissional frustrado e, consequentemente, um dia estará repassando sua frustração aos seus liderados.

Eu hoje, tenho o enorme prazer de estar atuando em um time com o maior exemplo de excelência em liderança que já conheci ou ouvi falar. Pessoas, no sentido da essência da palavra, preocupadas com pessoas, exemplos a serem seguidos em tudo o que pensam e agem. Coerência no falar e no agir. Líderes preocupados em manter a saúde do time, suprir as necessidades, estar sempre à disposição.

Eu, enquanto Scrum Master, entendo como sendo condição essencial para um bom trabalho, para liderar pelo exemplo, ter líderes nos quais possa confiar e seguir como sendo minha meta de excelência.

Capítulo 17: Métricas do time

André Costa

Métricas ágeis são padrões que ajudam o time de desenvolvimento a monitorar o quão produtivo é ao longo das diferentes fases do Ciclo de Vida do Desenvolvimento de Software.

Medindo o quão produtivo um time é, as métricas ágeis ajudam a manter a performance do time em cheque. É fácil trabalhar nas deficiências do time com a ajuda dessas métricas.

Importância das métricas ágeis

O conceito central da agilidade está na melhoria contínua. Mas isso não é um conceito que se impõe ao time. Tem que vir dele. De fato, a auto melhoria é um desejo. É seguro dizer que a melhoria contínua é impossível sem a melhoria individual de cada integrante do time.

A auto melhoria não acontece do dia para a noite. É um processo longo que necessita de um framework que coloque em prática a gestão e acompanhamento de métricas. Ao monitorar a qualidade do produto e a performance do time, as métricas impactam diretamente na melhoria contínua.

Vantagens e desvantagens

A principal vantagem da medição de desempenho é fornecer feedback para que todos possam fazer os ajustes necessários para a melhoria.

A principal desvantagem da medição de desempenho é que ela pode fornecer resultados falsos positivos ou negativos com muita facilidade, caso os dados usados não sejam precisos e não reflitam corretamente as tarefas avaliadas.

Abaixo mais algumas vantagens e desvantagens a considerar.

VANTAGENS:

1. Podem aumentar a produtividade de indivíduos e equipes. Quando os objetivos são claros, é mais fácil para os indivíduos e equipes se empenharem para atingí-los.

2. Podem identificar indivíduos e equipes com baixo desempenho.

Com um processo de medição implementado, fica mais fácil identificar indivíduos e equipes com baixo desempenho, porque sua produção pode ser comparada diretamente com a produção de outros.

3. Podem melhorar a comunicação.

Os líderes e seus liderados têm menos locais para falhas de comunicação, para que não haja confusão sobre o que se espera de cada integrante do time.

DESVANTAGENS:

1. Podem levar à queda de produção.

Se alguém do time achar que o resultado do time se deve ao seu esforço próprio, o resultado final pode ser a desmotivação em vez de melhorias na produção.

2. Podem dificultar a comunicação.

No momento da sua implementação, uma reação natural que as pessoas têm quando encontram algo que não conhecem é evitar. As pessoas poderão se desligar se não entenderem o que está sendo pedido, o que pode causar falha de comunicação.

3. Podem levar à falta de compromisso.

Se a liderança utilizar as métricas para fins de comparação entre times, isso poderá criar conflitos entre indivíduos e equipes porque eles se verão competindo entre si, em vez de trabalharem em conjunto.

4. Requerem motivação constante.

É importante manter o time sempre motivado. Deve haver algum benefício de nível pessoal envolvido para que o time sempre se desafie a melhorar e não apenas manter o lugar-comum do atingimento das metas.

CONCLUSÃO

As métricas são essenciais para a implementação completa da agilidade. Para obter sucesso, é importante implementar e manter as métricas ágeis, tornando-as parte do fluxo de trabalho.

Os prós e contras da medição de desempenho mostram que um conjunto de pontos de dados cuidadosamente gerenciado, oferecido com comunicação aberta sobre seus benefícios pode ser benéfico. Sem um gerenciamento cuidadoso, os aspectos negativos da medição de desempenho têm maior probabilidade de ocorrer.

Outro fator que deve ser levado em consideração antes de implementar um métrica é qual o objetivo de fato da métrica, pois se isso não for claro para todos, as metricas podem moldar o comportamento, ou seja, se o time começa a ser cobrado por pontuação, é bem capaz do time começar a quebrar em mais histórias e gerar um efeito que a pontuação foi aumentada, quando na verdade só revisaram a forma da pontuar e de quebrar as histórias. Em conta partida, não sabemos se o time esta tendo melhoria/evolução sem ter métricas para constatar.

Sob outro olhar, entregar um produto de alta qualidade também é uma parte vital da Agilidade. No entanto, encontrar o equilíbrio entre melhoria contínua versus alta qualidade pode ser um desafio.

Em suma, as métricas ágeis ajudam as equipes a se tornarem auto gerenciadas e as empresas a entregar mais valor.

REFERÊNCIAS

https://www.plutora.com/blog/agile-metrics

https://brandongaille.com/12-pros-and-cons-of-performance-measurement/

Capítulo 18: Time performando

Eliane Andrade

O ponto mais importante quando se fala em medir a performance de um time é deixar claro, digo até transparente, que medir a performance é necessário para que o time busque a melhoria contínua e que não se trata de medir pessoas e sim entregas, processos e possibilitar ao time descobrir, expor e buscar melhorar pontos que prejudiquem sua performance. Jamais se trata de microgestão. Nunca será individual.

O primeiro ponto a ser considerado quando se deseja medir a performance de um time é definir a meta a ser alcançada. Um time sem meta não tem um direcionamento e, consequentemente, não tem um leme e se perde no oceano das tarefas diárias.

Toda meta deve considerar um prazo para ser atingida. Uma vez alcançado esse prazo, é essencial que haja um check point verificando se a meta foi atingia ou não.

https://blog.contabilista.com.br/qual-a-diferenca-entre-meta-e-objetivo.html

A partir daí, deve haver sempre o desafio de superação da meta. As metas podem ser ajustadas a cada período para que sejam sempre mais desafiadoras. Porém alguns pontos não podem ser desconsiderados como, por exemplo, o desgaste do time. Se o time está alcançando as metas mas o desgaste para tal está muito alto, isso significa que a meta está muito desafiadora e precisa retroceder um pouco para poder permitir desenvolvimento, satisfação e, consequentemente, crescimento.

A velocidade do time é um grande ponto também quando falamos em performance. Uma grande questão que sempre aparece nos debates entre agilistas é: devemos ou não considerar bugs no cálculo da velocidade do time. Esse é um ponto bastante complicado pois, na maioria das vezes o time dev deseja que os bugs sejam contabilizados quando falamos de quantidade de entregas mas não quando falamos em capacidade para o próximo planejamento.

O que precisa sempre ficar claro é que se uma grande quantidade de bugs foi gerada em uma iteração significa que a entrega do valor de negócio pode ter sido comprometida ou mesmo não ter ocorrido e a meta não ter sido atingida o que caracteriza queda de performance. Considerar que um time que tem um throughput médio de 10 US entregou 5 em determinada iteração mas entregou 15 bugs significa que a energia foi gasta nas correções e não na entrega de valor.

Outro ponto muito relevante é o entendimento do contexto do negócio pelo time. Se o time não é conhecedor do contexto daquilo que está atuando, não é capaz de contestar, de propor e apenas executa o que foi solicitado não tendo visão da melhor forma de fazê-lo. Para que o time possa primar pela qualidade da entrega não é necessário apenas um domínio de ferramentas e frameworks e sim também e não menos importante, é necessário conhecer o que e porque está atuando naquilo ou naquele ponto.

A cultura do desafio deve estar sempre presente nos times ágeis. Se desafiar sempre é uma forma de estar melhorando a cada iteração. Se um time se acomoda com a velocidade atingida e não tem o desejo de que ela melhore fica estagnado e não podemos considerar que está performando. O time está realmente

O QUE NENHUM SCRUM MASTER TE
CONTOU...

performando quando atinge e supera as metas sempre se desafiando mais em busca da melhor entrega e com a maior qualidade.

Em times ágeis existem algumas métricas que podem e devem ser utilizadas para medir a quantas andam o desempenho das entregas do time, por exemplo, o CFD (Cumulative Flow Diagram), o Throughput (Vazão), o Lead Time (Tempo de espera), o Cycle Time (tempo de ciclo), Burnup (progresso para futuro), Burndown (Tendência de conclusão).

O mais completo deles é o CFD pois, através dele é possível se observar todos os outros. Através do CFD conseguimos extrair o wip de cada etapa do fluxo de trabalho e verificar disfunções nesse fluxo durante o período analisado.

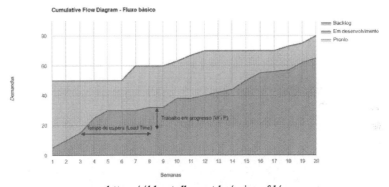

https://blog.taller.net.br/criar-cfd/

Considerando que o gráfico acima é referente a um time com 5 desenvolvedores e o limite de WIP é 5, fica muito claro que o time perdeu performance por algum motivo após a semana 3. O limite de WIP foi estourado e o time passou a não entregar valor na velocidade planejada até a semana 8, quando não puxou mais US e realizou algumas entregas.

Os motivos para a queda de produtividade podem ser diversos portanto, se as métricas são transparentes e o time está devidamente blindado será mais fácil identificar esses motivos e atuar de forma direcionada na solução do problema e na melhoria da produtividade.

Capítulo 19: Nível de maturidade

André Costa

Há uma forte tendência de fracasso nos processos de trabalho com o framework Scrum se os times não forem disciplinados sobre o processo ou se não estiverem tecnicamente maduros para realmente entregar o trabalho comprometido na Sprint.

É por isso que o Scrum provavelmente funciona melhor com equipes compostas por pessoas que estão em um nível de maturidade semelhante.

Para não atrapalhar o relacionamento com a equipe desde o início, o Scrum Master precisa entender o quão madura é sua equipe antes de agir.

Uma equipe imatura pode exigir que o Scrum Master não apenas facilite uma Retrospectiva, mas direcione a equipe para que descubram um tópico significativo, por exemplo, e não percam tempo com outros direcionamentos.

Por outro lado, uma equipe madura tende a nem precisar do Scrum Master em uma Retrospectiva, pois eles teriam uma compreensão mais profunda de como as coisas funcionam, o quê tecnicamente deve ser feito e o porquê do que está sendo feito do que o Scrum Master poderia ter.

MEDINDO A MATURIDADE DOS TIMES

Abaixo eu apresento um gráfico com informações que podem auxiliar o Scrum Master a medir o nível de maturidade de um time.

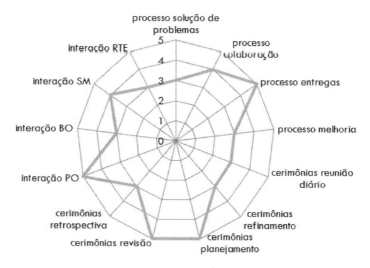

Fonte: imagem própria

Com este modelo bastante autoexplicativo, aqui estão algumas dicas para ajudar a determinar o quão maduro está(ão) o(s) time(s). Observe que os valores foram classificados dentro de uma escala de 1 (um) a 5 (cinco) e os itens foram classificados em três grupos: Processo, Cerimônias e Interação.

GRUPO PROCESSOS
Reflete os processos de trabalho do time usando o framework.

Solução de problemas
Os membros do time discutem os problemas abertamente? Eles os resolvem ativamente sem o Scrum Master?

Colaboração
Os membros do time organizam suas atividades e colaboram em torno da entrega de valor ao cliente?

Entregas
Os desenvolvedores trabalham no mínimo de itens possível e os concluem o mais rápido possível? Os novos

itens do backlog são iniciados antes que outros sejam movidos para Concluído?

Melhoria de processo

Os desenvolvedores experimentam interromper seu processo atual a fim de descobrir novas e melhores maneiras de desenvolver software?

GRUPO CERIMÔNIAS

Existe a necessidade do Scrum Master para que a equipe execute suas próprias cerimônias? Os desenvolvedores obtêm os resultados necessários para continuar trabalhando de forma eficaz?

Daily Scrum

Os membros do time são disciplinados em iniciar a daily no horário e dias combinados ou o Scrum Master precisa ficar chamando? Os desenvolvedores apresentam o plano mais adequado para as próximas 24 horas?

Refinamento

Existe interação mútua entre as partes interessadas, PO e o time? Eles se reúnem com a frequência necessária para garantir a entrega dos itens do backlog prontos e que seja suficiente para o próximo planejamento de Sprint?

Planejamento

O planejamento é usado como uma oportunidade para explorar as intenções por trás de cada item e fazer perguntas difíceis para desafiar seu próprio entendimento da solicitação e de como ela deve ser implementada? Existem discussões sobre a solução, visto que não existe "uma maneira melhor" de fazer as coisas?

Revisão

A revisão das entregas é percebida como uma grande oportunidade de aprendizado mútuo, obtendo percepções mais profundas sobre as mentes das partes interessadas? O Product Owner consegue agregar mais valor ao backlog diante do feedback?

Retrospectiva

O quão profundamente os desenvolvedores querem e irão se aprofundar em seu processo para descobrir possíveis armadilhas e identificar tesouros ocultos? Eles descobrem um potencial de melhoria significativo em suas formas de trabalho?

GRUPO INTERAÇÃO

Com que frequência o Scrum Master vê os desenvolvedores se comunicando entre si e com o Product Owner, Business Owner e demais papéis do framework utilizado? Há alguma pergunta considerada muito trivial ou muito difícil de fazer?

COMO MEDIR A MATURIDADE COM OS RESULTADOS PLOTADOS?

Fazendo uma análise quantitativa das informações plotadas no gráfico acima, podemos inferir o que se segue:

Nível de Maturidade no grupo PROCESSOS → 3,75
Nível de Maturidade no grupo CERIMÔNIAS → 4,0
Nível de Maturidade no grupo INTERAÇÃO → 3,75
Nível de Maturidade GERAL→ 3,8

CONCLUSÃO

É fundamental o Scrum Master ter um bom entendimento da maturidade do seu time. Equipes com baixa maturidade precisam de mais trabalho de orientação e mentoria; equipes com alta maturidade precisam de mais oportunidades para refletir e adaptar.

Este formato de medição sugerido dará uma compreensão rápida e completa de quão maduro o time está. O Scrum Master poderá fazer ajustes para acomodar as necessidades específicas do time e dos processos de trabalho.

É importante realizar novas medições periodicamente para saber se o time está melhorando e se as ações de melhoria propostas surtiram o efeito desejado.

REFERÊNCIAS

https://medium.com/better-programming/scrum-team-maturity-5d48b7d672f6
https://www.linkedin.com/pulse/six-simple-ways-understand-scrum-team-maturity-michael-k%C3%BCsters/

Capítulo 20: *Skill* do Agile Coach?

André Costa

Concluir alguma certificação de Agile Coaching não tornará um Scum Master um Agile Coach. Então, fica uma grande dúvida: por onde começar e como traçar uma jornada em direção a torná-lo(a) um(a) Agile Coach de sucesso?

A seguir, eu sugiro três passos que vão solidificar uma base para dar o próximo passo em direção a tornar-se um Agile Coach útil, eficaz e entregar bastante valor para os clientes e organizações que você atende.

1. Domine alguns frameworks e metodologias ágeis

Se você quer se tornar um Agile Coach, é melhor ter um conhecimento sólido de alguns frameworks e metodologias ágeis. Pode parecer óbvio, mas há Agile Coaches no mercado que não sabem quantos eventos existem no Scrum ou que não sabem a diferença entre Kanban e Scrum, por exemplo.

Você pode começar focando no Scrum, que é o framework mais popular quando se trata de Agilidade, de acordo com a imagem abaixo:

AGILE METHODOLOGIES USED

Scrum and related variants continue to be the most common Agile methodologies used by respondents' organizations.

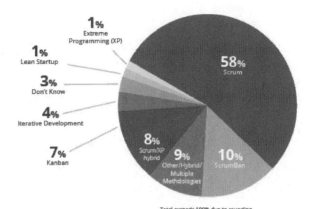

Total exceeds 100% due to rounding.

Fonte: *14º Annual State of Agile Report*

Não basta ter o conhecimento teórico, mas também experiência prática nesse framework.

Parte teórica

Participe de alguns treinamentos de Scrum que existem no mercado, para equipá-lo com o conhecimento necessário para entender bem o framework.

É preciso entender como o Scrum se encaixa, quais são as funções e artefatos e como eles se inter-relacionam, saber para que serve o Scrum e onde ele falha.

Além disso, uma boa certificação de mercado comprovará que você detém o conhecimento teórico.

Parte prática

Para ser um grande coach, você precisa ter exercido uma função ágil como parte de uma equipe ágil, pois estará envolvido em uma série de funções como Scrum Master, Dono do Produto ou membro da Equipe de Desenvolvimento em uma Equipe Scrum ativa.

Além de outras responsabilidades, o Scrum Master atua como um coach para a equipe, ensinando, treinando e orientando a Equipe de Desenvolvimento, o Dono do Produto e a Organização.

Para ir além: você precisa ter um conhecimento profundo sobre agilidade em mais de uma forma. Por exemplo, quando você recomendará Kanban em vez de Scrum? Qual é a melhor abordagem para projetos altamente regulamentados? E se houver prazos e escopo fixos, o que você aconselharia?

2. Domine mudanças individuais e em equipe

Depois que você se tornar especialista em alguns frameworks ágeis, a próxima etapa é dominar o lado humano da Agilidade.

Teoria e Prática de Coaching

Um Agile Coach está constantemente trabalhando com pessoas em vários níveis, por vezes treinando membros da equipe, outras vezes, treinando líderes. Por isso, é importante conhecer maneiras comprovadas de ajudar as pessoas a superar problemas.

A Programação Neuro-Linguística (PNL) contém um conjunto de habilidades para se conectar com as pessoas e ajudar a fazer mudanças e para ajudar o praticante a lidar com conflitos e desafios.

Teoria e Prática de Facilitação

Você precisa conhecer algumas técnicas de facilitação e treinamento para obter o melhor das equipes.

As Estruturas Libertadoras são fáceis de aprender e aumentam a coordenação relacional e a confiança. Além disso, promovem participação ativa em grupos de qualquer tamanho, tornando possível aprenderem, resolverem problemas, pensar em grupo, raciocinar e gerar consenso.

E, com o crescente interesse no trabalho remoto, as organizações precisam criar equipes distribuídas e colaborativas que continuem sendo eficazes.

3. Domine mudança organizacional e de liderança

Por último, para que a agilidade prospere em uma empresa, toda a organização precisa adotar os princípios, práticas e mentalidade ágil.

Para fazer uma mudança completa, você precisa entender algumas abordagens de mudança organizacional. Entenda o que impede a agilidade de ser disseminada em todas as empresas e, o mais importante, como as empresas relaxam ou desfazem as iniciativas de agilidade assim que elas começam.

Além disso, entenda como conectar a estratégia da empresa com a operação, conhecendo Flight Levels, e também como mensurar se a agilidade está realmente sendo efetiva para o negócio, utilizando OKRs.

CONCLUSÃO

Para se tornar um grande Agile Coach, você precisará entender profundamente a teoria e a aplicação prática de frameworks ágeis, como o Scrum.

Além disso, você precisará de uma variedade de abordagens para ajudar as pessoas a gerenciar mudanças e se reinventar para obter o melhor das formas ágeis de trabalhar. Por isso, você também precisará saber como usar bem as ferramentas de trabalho remoto para reunir ao máximo as equipes, resolver problemas e ainda obter os resultados esperados.

Por último, você deverá entender as abordagens de mudança organizacional e a utilização de OKR para ajudar as empresas a mensurar o valor obtido com a agilidade organizacional.

REFERÊNCIAS

https://www.scrum.org/resources/blog/3-steps-becoming-agile-coach#:~:text=To%20be%20a%20great%20coach,part%20of%20an%20agile%20team.&text=As%20well%20as%20other%20responsibilities,the%20Organisation%20in%20effective%20Scrum

PARTE III - RETROSPECTIVAS PARA APOIAR

Capítulo 21: Satisfação do time

Eliane Andrade

Uma retrospectiva sempre deve ter um foco, um objetivo a ser atingido. A cada final de sprint os pontos de melhoria devem ser levantados e planos de ação definidos para que o resultado seja sempre alcançado, os erros superados e o processo sempre melhorado.

Porém, há uma grande barreira que muitas vezes impede o sucesso de uma retrospectiva: a falta de abertura para expor problemas. Para que uma retrospectiva atinja o objetivo esperado o time deve se sentir livre para falar, expor suas dores, seus motivos e, mais ainda, para propor, sugerir.

Muitas vezes o time é muito unido, colaborativo, porém, falta abertura para tratar alguns assuntos que, ao final, podem ser os grandes causadores de frustrações e insucessos.

Uma dinâmica que mede com perfeição onde podem estar escondidos alguns pontos que as pessoas do time acabam por não expor nas retrospectivas padrão é a Squad Health Check utilizado pelo Spotify conforme melhor detalhado no capítulo 27.

Essa dinâmica pode ser aplicada em um único time ou em um conjunto de times como um ART, por exemplo. Em ambos os casos o resultado deve ser devidamente acompanhado e novas rodadas devem ser realizadas eventualmente para se configurar se a saúde está melhor ou se há algo novo a ser avaliado e resolvido.

Quanto a finalidade é medir a satisfação do time é importante focar em pequenos detalhes que tenham sido percebidos durante a sprint como, por exemplo, um membro do time desmotivado, uma sobrecarga de trabalho em determinado dia, uma dificuldade percebida, porém não exposta.

Tudo isso pode levar à queda de satisfação que levará à desmotivação que levará, certamente, à queda na qualidade tanto da entrega quanto pessoal.

Uma retrospectiva muito simples e que ajuda bastante nesta percepção seria montar um quadro com três colunas: mandamos bem, poderíamos fazer melhor, vou fazer melhor.

Na primeira coluna o time deverá expor tudo que entende que o time fez de melhor na sprint. Tudo que deu super certo e precisa ser mantido.

Na segunda coluna o time deverá expor tudo o que incomodou, que não deu tão certo quanto esperado, que poderia melhorar.

E, por fim, na terceira coluna cada membro do time, aí nesse momento pensando individualmente, deverá expor tudo o que ele próprio pode fazer para ajudar o time a fazer melhor na próxima sprint. Tudo que ele entende que pode melhorar e que ele deve ajudar para que melhore.

Nessa última coluna, normalmente as pessoas tendem a colocar itens que elas viram de falha e que entendem que solucionariam de uma determinada forma.

O facilitador deve aproveitar para perguntar, ao final, quem do time irá ajudar aquele membro do time com aquela melhoria, quem vai atuar junto apoiando.

Isso irá trazer atitude de colaboração e deixará a pessoa que expôs aquela necessidade satisfeita por ter uma perspectiva de solucionar a questão na próxima sprint.

Capítulo 22: Conflito interno

André Costa

O conflito é uma faca de dois gumes. Parte disso é bastante natural em uma equipe criativa. Por outro lado, se não for moderado, pode prejudicar essa criatividade e as relações de trabalho dos membros da equipe. A responsabilidade do Scrum Master é gerenciar o conflito, aprendendo a identificá-lo, tratá-lo positivamente e neutralizá-lo quando se tornar negativo.

É importante ressaltar que o comprometimento para a resolução de conflitos dentro de um time Scrum recai sobre o time de desenvolvimento, seguindo a sequência de escalação abaixo:

1. O time de desenvolvimento, que é o responsável por quem está no time e quem não deveria estar
2. O time Scrum, onde o Scrum Master tem o papel de fazer com que o time entenda o framework e sua implementação.
3. O Scrum Master, que é o responsável por resolver impedimentos do time.

O primeiro foco precisa ser no próprio Time de Desenvolvimento, para resolver internamente o problema.

O segundo foco está em dar ao Time Scrum as habilidades necessárias para saber como fazer isso. Sendo assim, o Scrum Master deve ajudar o Time Scrum a entender o problema com o(s) comportamento(s) conflitante(s) e, então, tratá-lo na próxima retrospectiva.

Na retrospectiva, ele pode utilizar técnicas de facilitação que promovam que todos tenham voz, que todos conversem sobre o problema e tentem chegar a um acordo sobre o mesmo.

Para efeitos didáticos, faremos a proposição de duas ideias diferentes para que o Scrum Master facilite o tratamento do problema durante a Retrospectiva da Sprint: 1) OVR, oriundo das estruturas libertadoras, adaptado para situações remotas e 2) Boato

Retrospectiva Scrum - Ideia 1: Ouvido, Visto e Respeitado

Essa retrospectiva tem por objetivo a prática da escuta ativa e a empatia com os colegas e foi desenvolvida por Henri Lipmanowicz e Keith McCandless.

Ela estimula a capacidade empática dos participantes de "se colocar no lugar" dos outros. Muitas situações não têm respostas imediatas ou resoluções claras. Reconhecer essas situações e responder com empatia pode melhorar o "clima cultural" e construir confiança entre os membros do grupo. OVR ajuda os indivíduos a aprender a responder de maneiras que não prometam demais ou controlem demais. Ajuda os membros de um grupo a perceber padrões indesejados e trabalhar juntos na mudança para interações mais produtivas. Os participantes experimentam a prática de mais compaixão e os benefícios que ela gera.

**Essa atividade foi adaptada do original para possibilitar que seja realizada de forma remota.

A ideia é que todos pratiquem a fala e ouçam o que os outros irão falar, seguindo essa sequência:

1. Faça uma introdução

Fale como é comum as pessoas não serem ouvidas, vistas ou respeitadas.

Fale como é comum as pessoas se comportarem de uma maneira que faça com que outras pessoas sintam que não estão sendo ouvidas, vistas ou respeitadas.

Fale que irão melhorar a escuta, a sintonia e a empatia entre os membros do grupo.

Peça que observem o quanto pode ser realizado simplesmente ouvindo.

Peça que confiem mais uns nos outros quando enfrentam situações confusas ou novas.

Ofereça palavras positivas e que libertem as pessoas do sentimento de conflito, após tensões nos relacionamentos.

2. Observe essas dicas

Diga: "Seu parceiro pode estar pronto antes de você. A primeira história que vem à mente costuma ser a melhor. "

Torne-o seguro dizendo: "Você pode não querer escolher a história mais dolorosa que vem à mente."

Torne-o seguro, dizendo: "Proteja cuidadosamente a privacidade do contador de histórias. Pergunte quais partes, se houver, você pode compartilhar com outras pessoas. "

Sugira: "Quando você é o ouvinte, observe quando você forma um julgamento (sobre o que é certo ou errado) ou quando tem uma ideia sobre como você pode ajudar e deixa para lá."

3. Convide os participantes a contar uma história a um parceiro sobre uma ocasião em que sentiram que não foram ouvidos, vistos ou respeitados.

O ideal é que não haja interrupções à fala. Peça aos ouvintes para evitar quaisquer interrupções, a não ser que sejam perguntas que podem facilitar a empatia, como "O que mais?" ou "O que aconteceu a seguir?", nesse estilo.

4. Distribua o tempo de forma uniforme entre todos.

Todos têm o mesmo tempo, por sua vez, para participar de cada papel, como contador de histórias e como ouvinte.

5. Configure os grupos em pares, inicialmente, para contarem as histórias uns para os outros.

Em seguida, em grupos de quatro para refletir sobre o que aconteceu.

6. Você pode distribuir o tempo nas etapas da seguinte forma:

- Objetivo do OVR (praticar a escuta sem tentar consertar nada ou fazer julgamentos) ➜ 3/5 min.

- Partilha de histórias: um de cada vez, cada pessoa tem 7 minutos para compartilhar uma história sobre NÃO ser ouvido, visto ou respeitado ➜ 15/20 min.

- Experiências: os parceiros compartilham experiências de ouvir e contar histórias: "Qual foi a sensação de contar a minha história; Qual foi a sensação de ouvir sua história? ". ➜ 5/10 min.

- Reflexão: Em um quarteto (ou grupo total), os participantes compartilham reflexões usando 1-2-4 (individual, em pares e quartetos/grupo), perguntando: "Que padrões são revelados nas histórias? Que importância você atribui ao padrão? " ➜ 5/10 min.

- Ações: como um grupo inteiro, os participantes, depois de refletirem sobre os padrões, tentam buscar um entendimento, a empatia sobre o que tem ocorrido e que deve deixar de ocorrer. ➜ 5/10 min.

Retrospectiva Scrum - Ideia 2: Boato – O que precisa ser dito

Essa retrospectiva tem suas origens na psicoterapia. Como recomendado no livro "A gentil arte de perguntar ao invés de falar", de Edgar Schein, fazer as perguntas certas e que levam às soluções corretas é o que dá o melhor direcionamento para o entendimento e tratamento dos problemas que geram os conflitos.

A retro deve iniciar com a primeira pergunta:

1. O que eu não estou dizendo, e que deveria ser dito?

A segurança psicológica apropriada é um dos fatores mais importantes para equipes de sucesso, para que todos possam falar sobre o elefante na sala e não sofrerem retaliações. Essa questão também pode levar a novas ideias ou pontos importantes em equipes menos maduras.

A segunda pergunta examina mais de perto os sentimentos pessoais dos membros da equipe.

2. O que eu não ouço, e que deveria ser ouvido?

Na melhor das hipóteses, é aqui que as preocupações ou necessidades dos membros da equipe vêm à tona, para as quais pode não haver espaço suficiente. Um resultado "típico" seria que alguém na equipe gostaria de ser agradecido com mais frequência.

Mas há também um terceiro aspecto que não se deve perder, que tenta amplificar a voz dos membros da equipe que precisam de ajuda:

3. O que eu digo, e que deveria ser ouvido com mais frequência?

Porque as pessoas costumam falar sobre preocupações, mas elas (talvez apenas subjetivamente) não são suficientemente percebidas ou valorizadas pela equipe. É exatamente isso que esta pergunta pretende fazer.

Caso o conflito persista após a(s) retrospectiva(s), o ideal é voltar e tentar novamente com o primeiro e segundo focos de solução de problemas: o time de desenvolvimento ou o time Scrum.

Se tudo mais falhar, o Scrum Master pode intervir por meio de quaisquer processos corporativos para escalar o problema. Se você tiver um RH amigável com os processos ágeis, capaz de fornecer algum treinamento adicional, isso seria incrível. Se o RH compreender o valor da equipe e as pessoas que trabalham bem juntas, eles podem ter algumas ideias adicionais.

Depois que todas essas vias forem esgotadas e o conflito persista ou não se resolva adequadamente, talvez o membro conflitante do time seja o impedimento. Não há nada de errado um membro do time não se adequar ao mesmo. Isso fará com que o Scrum Master busque uma maneira de colocar essa pessoa em

O QUE NENHUM SCRUM MASTER TE CONTOU...

outro lugar, em um ambiente que seja mais adequado à sua personalidade. Esse é o papel de coach que o Scrum Master deve possuir.

Sendo assim, dado esse cenário conflitante, ele pode realizar algum workshop para medir o estilo de possíveis conflitos que cada indivíduo do time pode apresentar, de forma a entender a melhor forma de adequá-lo a outros times, mas esse é um papo para ser tratado em outro texto específico sobre o tema.

REFERÊNCIAS

https://www.scrumalliance.org/community/member-articles/439
https://nkdagility.com/blog/how-do-you-handle-conflict-in-a-scrum-team/
http://www.liberatingstructures.com/19-heard-seen-respected-hsr/
https://echometer.de/en/scrum-retrospective-ideas/

Capítulo 23: Capacitação

Lidia Vieira

Esse é um tema bem intrigante e abrangente. É uma cerimônia bem funcional para promover a melhoria continua dos times e da área. Nela mapeamos vários gaps, inclusive a partir desses gaps é possível compreender onde estamos necessitando de maior dedicação e investimento em capacitação técnica.

Mas a pergunta que não quer calar é: É possível antevermos e agir de uma forma mais proativo ainda, voltados para capacitação do time?

Em uma conversa sobre o tema com um amigo de trabalho, levantamos algumas abordagens que me levaram a um modelo de retrospectiva bem voltada para este tema de capacitação do time.

Como funciona a dinâmica?

Podemos construí-la de 2 formas:

1 – Mais conservadora.

Observe a estrutura abaixo:

Conquistas	Gaps	
	Limitadores	Aceleradores

Dicionário dos campos:
- Conquistas – Motivar o seu time identificando evoluções e conquistas do seu time nas retrospectivas, pois trabalhamos a evolução e melhoria contínua.

- Gaps – Representa o que o time identifica como barreiras ou pontos que precisam ser melhorados dentro do time. Com esses gaps identificados, podemos propor ao time identificar quais causas, cenários, situações, ferramentas e conhecimentos que os limitam de resolvê-los e quais seriam as ferramentas e cursos que promoveria uma aceleração de resultados no time, esses pontos estarão segregados no quadrante limitadores. No quadrante aceleradores, o time listará conhecimentos necessários, ferramentas que consigam promover uma aceleração na resolução e finalização dos gaps.

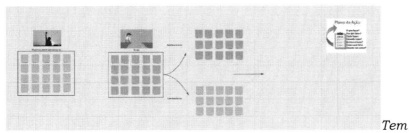

Tem

plate ilustrativo para rodar a dinâmica 1

2 - Menos Conservadora

A forma menos conservadora, não necessita de um mapeamento de gaps para chegar a um resultado de aceleração e progressos em resultados dos times, basta uma análise de onde estamos e onde queremos chegar, trazendo a visão e expectativa do time, produtos e negócios em conjunto.

Neste caso a estrutura ficaria:

Conquistas	Onde estamos	Onde queremos chegar	
		Aceleradores	Limitadores

Dicionário dos campos:
- Conquistas – Motivar o seu time identificando evoluções e conquistas do seu time nas retrospectivas, pois trabalhamos a evolução e melhoria contínua.

- Onde estamos – Representa como o time enxerga o seu cenário hoje, a nível de ferramentas, conhecimento técnico, produtos, visão de negócio e satisfação do cliente.

- Onde queremos chegar - Como o time enxerga o futuro a curto médio e longo prazo do produto e resultados do time, nos mesmo âmbitos discutidos no "Onde estamos."

- Aceleradores – Abordará quais tecnologias, conhecimentos, ferramentas que o time necessita aprimorar, para acelerar resultados e alcançar seus anseios e expectativas.

- Limitadores – O que hoje limita, prende e dificulta que as expectativas e objetivos de um futuro almejado seja realizado.

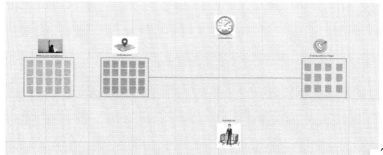

Tem

plate ilustrativo para rodar a dinâmica 2

Recomendo, acompanhar e rodar dinâmicas de retro que mapeiem os gaps de N âmbitos e que também promova uma ação cada vez mais proativa do time.

Mas também é importante entender que limites também são nossos aliados para o autoconhecimento e autoconhecimento do time. Entendemos que produtividade é importante, mas a sanidade mental e o respeito ao time e as pessoas é o nosso maior parceiro nesta jornada. Então, nesta jornada o que mais vale são as pessoas, a sensibilidade, empatia e o respeito a cada um que está ali se doando e se motivando, se auto realizando. Então sinta seu time, se aproxime e tenha equilíbrio em tudo. Entenda, compreenda, ouça e compartilhe reflexões que promovam o raciocínio e soluções, e a troca dos times para o bem comum.

O que mais importa é a direção e não a velocidade, são os valores e não os resultados em si, é mais como chegamos a eles e como os alcançamos, os meios dizem muito mais do que somos, do que efetivamente resultados finais. Promova um meio que aproxime as pessoas, que ative a colaboração e que faça com que os resultados sejam somente consequências do que fomentamos no nosso dia a dia.

Então está aqui uma proposta de retro, com um toque de reflexão de empatia e sensibilidade.

Capítulo 24: Aceleradores

Lidia Vieira

A Retrospectiva é um dos momentos cruciais para conseguirmos mapear pontos de melhorias e aperfeiçoamento do time, tendo em sua base o método Lean. O Lean preza pela diminuição de desperdício, análise e inspeção dos processos aplicando o PDCA, e consequentemente cria-se um ecossistema de melhoria contínua.

A Retrospectiva é uma das cerimônias na agilidade que proporciona garantir este momento de inspeção e adaptação com o time.

Mas é preciso que saibamos e aprendamos a melhor forma de fazer com que essa roda gire de forma eficaz e trazendo os resultados e valores esperados.

E aí encontra-se mais um dos desafios da rotina de um Scrum Master.

Fonte: https://professorannibal.com.br/2017/11/21/analogia-entre-os-modelos-de-manufatura-agil-e-manufatura-enxuta/

Citarei aqui pontos importantes que facilitam a criação de retrospectivas mais eficazes e que possibilitam melhor mapeamento junto ao time do que pode ser evoluído.

O QUE NENHUM SCRUM MASTER TE

O primeiro ponto facilitador de uma retrospectiva é analisar os detalhes, observar comportamentos e reações para assim começar a entender o time.

Pois o time é formado por um conjunto de pessoas com aspectos sociais e culturais distintos, formações distintas e especialidades técnicas particulares, onde todas as especificidades precisam estar reunidas para atingirem um objetivo comum.

Esse trâmite não é tão simples; captar esses insights e promover dinâmicas que atraiam o time a compartilhar seus sentimentos, insatisfações e experiências do dia a dia que precisam ser discutidas e alinhadas para o bem comum.

Dica número 1 é empatia.

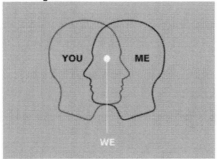

Fonte: https://www.ideiademarketing.com.br/2017/07/25/empatia-4-dicas-para-tornar-gestao-mais-humana/

Com a empatia aplicada nos seus comportamentos como Scrum Master, você obterá um caminho de captura das características do time.

Entenda também que esses comportamentos são mutáveis, existem fatores internos ou externos que podem desencadear reações, é necessário estar atento aos detalhes.

Dica número 2 é Adaptação.

É necessário adaptar-se ao momento do time, com a empatia você conseguirá perceber o momento para aplicar um retro mais pragmática ou mais lúdica.

Ou talvez uma retrospectiva até sem dinâmica, um bate-papo. O importante é entender o melhor caminho e o momento do time para tal.

Uma questão que precisamos trabalhar também é a confiança e abertura. Atitudes consistentes com ética e transparência farão com que esta confiança seja adquirida com o time. É necessário que o time se sinta a vontade em expor seus pontos de vista, sem medo retaliação de opiniões.

Confiança é uma ação de conquista e conquistas são renovadas com atitudes; atitudes consistentes, com propósitos e clareza.

Além de todos os pontos mencionados, precisamos ter criatividade e conquistar a habilidade de inovar, para que as retrospectivas não se tornem cansativas e maçantes.

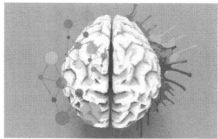

Fonte: https://www.telavita.com.br/blog/pensar-fora-da-caixa/

Não existe um script ou algoritmo pronto que garanta esse gol. Particularmente, trazer inovação com resultado eficaz para melhora do time é um grande desafio e um caminho contínuo de estrada.

O QUE NENHUM SCRUM MASTER TE

CONTOU...

Uma sugestão de retro para esse momento, talvez a mais conhecida dos Scrum Masters, é constituida de 3 colunas com as perguntas:

O que teve de bom na sprint?

O que teve de ruim na sprint?

O que podemos melhorar?

Ou se quiser deixar mais abrangente pode utilizar as perguntas:

O que fizemos de bom?

O que devemos deixar de fazer?

O que temos que começar a fazer?

São perguntas muito poderosas e com alto nível de informação, porém a recomendação é que sempre tragam algumas variações para que o time já não vá pronto esperando sempre a mesma dinâmica.

Fechando este conjunto de fatores que contribuem na construção de uma retro efetiva, outro ponto forte é o relacionamento com outros Scrum Masters, as trocas, compartilhamento de dinâmicas já realizadas, experiências podem auxiliar consideravelmente na jornada.

Mas entenda um detalhe mega importante: nenhum time é igual ao outro e não é porque algo ocorreu muito bem com um grupo que acontecerá no seu cenário. Tenhas suas percepções e análises, sensibilidade e empatia com o time e terá um melhor direcionamento nesta jornada.

Bom, a agilidade é uma jornada, então as realizações de cerimônias de retrospectivas efetivas não deixaram de ser mais uma parte deste caminho contínuo, de aprendizado, experimentação, erros e conquistas.

Capítulo 25: Comunicação

Eliane Andrade

Início esse capítulo com um parágrafo do Scrum Guide: "Reuniões Diárias melhoram as comunicações, eliminam outras reuniões, identificam e removem impedimentos para o desenvolvimento, destacam e promovem rápidas tomadas de decisão, e melhoram o nível de conhecimento do Time de Desenvolvimento. Esta é uma reunião chave para inspeção e adaptação".

Complemento o pensamento exposto com o seguinte: É durante a daily que é possível identificar com mais facilidade e mais certeza se a comunicação no time está fluindo como deveria ou se precisa de melhorar. E, já adiantando o resultado, sempre é bom melhorar!!!

O momento final da sprint, a Retrospectiva, é sempre essencial para trabalhar no time o que foi identificado no decorrer do timebox que necessita dele assumir como sendo um ponto de melhoria e focar no que poderia ser feito para atingir essa melhoria. Mas, se o ponto principal a ser trabalhado for a comunicação, pode ser que o time não perceba, exatamente pela falta ou deficiência dela.

https://administradores.com.br/noticias/a-importancia-da-comunicacao-eficaz-no-dia-a-dia-do-ambiente-corporativo

Uma retrospectiva que mudou muito, e pra muito melhor, a comunicação em alguns times onde já apliquei foi a "adivinha no que estou pensando".

Todas as vezes que apliquei foi presencial, mas pelo conteúdo e forma de aplicar, não seria muito difícil realizá-la remotamente também.

Segue o passo a passo da forma aplicada presencialmente:

1) Cada participante recebe 5 post-its em branco alinhados um acima do outro.

2) No verso do primeiro, sem que qualquer outro colega possa ver, cada um deverá desenhar no que está pensando naquele momento.

Na primeira vez que facilitei essa dinâmica era próximo ao horário de almoço então dá para imaginar o que saiu!!!

3) Em seguida, a pessoa deve passar o post-it com o desenho ao colega do lado esquerdo mas com o desenho voltado para baixo.

4) Começa então a primeira rodada: cada um vai desvirar o post-it e tentar adivinhar no que o colega estava pensando ao ver o seu desenho. Um a um e o colega desenhista informa se a pessoa acertou ou não.

5) Aqueles que não acertarem terão uma nova chance ao final então devem virar o desenho de face para baixo e aguardar sua nova chance.

6) Quando todo tiverem tentado adivinhar pelo desenho, aqueles que não acertaram vão, um a um, pedir que o colega desenhista fale uma frase que dê dica do que está desenhado, ou seja, no que estava pensando, mas ele não poderá dizer a(s) palavra(s) exata(s) que informe(m) o conteúdo do desenho.

7) Depois da dica falada, 100% ou muito próximo disso, adivinha o pensamento desenhado!

A conclusão que se chega é que, quanto mais há conversa, quanto mais esclarecedor for, tanto mais haverá entendimento e melhor o trabalho conjunto fluirá. Resumindo, a comunicação entre o time é essencial para o bom rendimento, a qualidade da entrega, a felicidade do time.

Adaptar essa dinâmica aos times remotos seria muito simples. Em um software onde se possa ter todos atuando de forma conjunta como Miro, Mural, etc, incluímos uma roda com o nome de cada participante no local onde ele estaria sentado, caso fosse presencial. Os post-its temos nas ferramentas.

O QUE NENHUM SCRUM MASTER TE

O único ponto de diferença principal é quanto a esconder os desenhos pois, nas ferramentas colaborativas online todos tem visão do que os demais estão fazendo então, uma forma de manter a confidencialidade da brincadeira é não dar nomes às pessoas deixando as posições apenas com letras e enviar a cada participante, de forma individual por chat ou qualquer outra ferramenta, a sua letra. E também, pedir que todos entrem na ferramenta de forma anônima, sem login, pois assim ninguém irá identificar o seu desenho.

Quando todos terminarem seus desenhos, cada um vai posicionar o seu na direção do colega ao seu lado esquerdo já deixando preparado para a primeira "adivinhação".

O colega que começar a tentar adivinhar qual pensamento equivale ao desenho deverá dizer: "O <fulano> estava pensando em <desenho>" tentando adivinhar o pensamento e quem é o seu colega à direita que fez o desenho.

Aqueles que acertarem ao menos o pensamento expresso no desenho devem retirar os post-its da roda ficando apenas aqueles de quem errou o pensamento.

Quando todos já tiverem feito sua primeira tentativa, aqueles que mantiveram os post-its na roda vão ter sua segunda chance solicitando ao colega da direita que diga uma frase que dê dica do que está desenhado, ou seja, no que estava pensando, mas lembrando que ele não poderá dizer a(s) palavra(s) exata(s) que informe(m) o conteúdo do desenho.

Ao final, a mesma conclusão deve ser exposta mostrando que uma boa comunicação é essencial para o andamento do trabalho do time de forma que todos entendam de onde estão partindo, onde desejam chegar e de que forma vão conseguir, juntos, chegar até lá.

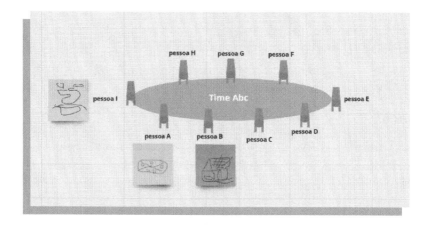

Capítulo 26: União

Eliane Andrade

Convivência é algo que requer muitos fatores para funcionar bem.

Conviver é uma palavra composta de duas outras: Viver com. Passamos mais ou menos um terço do nosso dia no trabalho, um terço dormindo e um terço com nossos familiares ou em transporte ou atividades fora de casa.

Analisando essa afirmação, podemos concluir que o terço mais certo do nosso dia é aquele que passamos no trabalho, ou seja, com nosso time no dia a dia!

Um bom ambiente onde haja colaboração e união é essencial para a saúde geral de todos e existem algumas formas de trabalhar essa questão de forma lúdica e de fácil assimilação.

Seja presencial ou remotamente, existem diversas retrospectivas que podem ser utilizadas para reforçar e/ou fortalecer os laços de união em um time. Uma delas se chama "O que faria com você x pra você".

Essa dinâmica pode ser facilitada em qualquer time com qualquer nível de maturidade ou mesmo aqueles com os maiores problemas. Ela, inclusive, auxilia em times onde haja um indivíduo "tóxico" fazendo com que o time consiga expor essa toxidade de forma leve sem ofensas e que se chegue à uma boa estratégia para a solução do problema.

A dinâmica consiste no seguinte:
Deverá haver um quadro contendo duas colunas, uma com o título "O que faria com você" e outra com o título "O que faria pra você".

Cada integrante do time, dentro de um timebox determinado (sugestão de 15 minutos para cada rodada), deverá escrever post-its direcionados à cada colega dizendo o que gostaria de fazer na companhia dele e colocar na primeira coluna e depois, nos outros 15 minutos, outros post-its também direcionados à cada colega dizendo o que gostaria de fazer para o colega. Todos devem escrever para todos!

No final do primeiro timebox, quando apenas a primeira coluna vai estar preenchida ainda, cada um deverá ler e expor seus post-its informando o porque de ter escrito tal desejo e o colega que foi citado no post-it deve dizer se aceitaria ou não fazer o proposto pelo colega e o motivo caso diga que não aceitaria. Para isso deve ser proposto um novo timebox (sugestão de 30 minutos).

Para a segunda coluna deve-se fazer exatamente da mesma forma.

É extremamente importante que o facilitador da dinâmica crie um clima de amizade, colaboração e deixe claro o propósito antes de iniciar efetivamente para que não haja nenhuma chance de surgirem questões como de cunho pessoal, por exemplo, ou mesmo alguma ofensa em casos de times ainda sem maturidade ou mindset não trabalhado.

Ao final da dinâmica cada integrante terá tido a chance de expor seu ponto de vista e de conversar e debater sobre ele. Algumas "pérolas" sempre surgem o que dá um tom até mais animado à dinâmica. E, a mensagem final é de que todos tem seu ponto de vista e seus desejos e todos como um time que passa a maior parte do seu tempo juntos, seja presencial ou virtualmente, devem sempre manter um bom diálogo, compreensão e desejo de fazer o outro se desenvolver, melhorar, atingir seus objetivos.

Maior ainda do que a colaboração devem ser os laços de união pois, a colaboração cessa quando o integrante sai do time mas os laços de união, se bem amarrados, são pra sempre!

Capítulo 27: Saúde do time

Lidia Vieira

Sobre este ponto, de trazer dinâmicas e atividades de retrospectivas para validar a saúde do time, umas das técnicas mais conhecidas e discutidas dentro da agilidade é o Health Check

Fonte: https://annelisegripp.com.br/health-check-team/

O Heath Check e tão relevante que é utilizada em grandes empresas digitais, como: Google, Netflix, Spotify, Serasa Experian, Atlassian e outras.

Como funciona?
O Health check conta com a transparência e um ambiente confiável, junto ao time.
Neles temos perguntas sobre quadrantes diferenciados e relevantes para aferirmos a saúde do time, segue o exemplo seguido pela Spotify

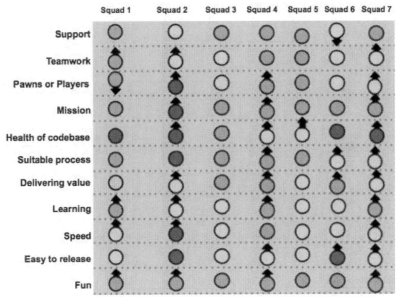

Fonte: *https://www.targetprocess.com/blog/software-development-metrics/*

Os pontos que estão sendo verificados juntos ao time neste caso são:

- Fácil de liberar
- Processo adequado
- Qualidade técnica (integridade da base de código)
- Valor
- Rapidez
- Missão
- Diversão
- Aprendendo
- Apoio, suporte
- Peões ou jogadores

Para cada critério deste é apresentado ao time o melhor estado para cada um e o pior em uma carta, por exemplo:

E a cada participante é entregue 3 opções de semáforos para cada pergunta do Heallth check:

- Um com sinalizado verde – Significa que estão muito satisfeitos.
- Outro amarelo – Significa que está normal (não está maravilhoso e nem péssimo).
- Outro vermelho – Significa que estão muito insatisfeitos.

O interessante é que nestes critérios que estão sendo aferidos, você pode adaptar e ajustar de acordo com o seu time, e as perguntas para cada critério também podem ser adaptadas.

Em média são utilizadas até 3 perguntas para cada critério, para que não se torne muito maçante ou pesada a dinâmica.

Como facilitador, sugiro tentar sempre quebrar gelo com fatos conhecidos pelo time durante a retrospectiva, para que o time fique cada vez mais a vontade em colaborar e as respostas fluam mais tranquilamente e de forma bem espontânea entre todos os componentes do time.

Outra dica também importante é tentar sempre anotar pontos relevantes dos desdobramentos das conversas durante a retrospectiva com o time. Estes insumos serão bem efetivos no apoio a algum plano de ação, se necessário.

Mais uma dica é tentar rodar com alguma periodicidade o Health check, para entender o que evoluiu ou o que decaiu de acordo com a percepção do time.

Benefícios Health Check

- Tornar o ambiente cada vez mais confiável
- Extrair ótimos insights para trabalho de evolução do time
- Ter um raio x mais assertivo e específico no que importa de fato
- Entender e captar do time pontos que talvez não conseguisse obter em uma retrospectiva mais abrangente.

Segue baixo exemplo de Health check, que realizei junto ao time que atuo como Scrum Master.

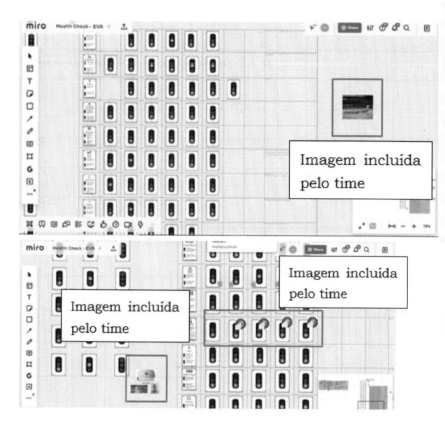

O interessante é que o time foi dando cada vez mais vida e trazendo a realidade do dia a dia para dinâmica, com imagens que remetessem a situações do próprio time.

Bom é isso, espero ter ajudado com o detalhamento da dinâmica de Health check com times ágeis.

Referências:

Cartões PDF: https://engineering.atspotify.com/wp-content/uploads/sites/2/2014/09/squad-health-check-model2.pdf

Cartões em PPTX: https://engineering.atspotify.com/wp-content/uploads/sites/2/2014/09/squad-health-check-model.pptx

Capítulo 28: Participação nas dinâmicas

André Costa

Para muitos times, uma das cerimônias mais importantes é a retrospectiva, uma oportunidade recorrente para as equipes examinarem suas formas colaborativas de trabalho e procurarem oportunidades de melhorar coletivamente seu trabalho em equipe e seus processos.

A equipe define as ações que deseja realizar na próxima iteração para superar os problemas que encontraram durante a última iteração, para trabalhar de forma mais eficiente e eficaz e para entregar mais valor para o negócio. Ninguém pode efetivamente mudar uma equipe auto-organizada, mas a própria equipe sim.

As retrospectivas são o motor de todas as equipes ágeis. Quanto mais a equipe aprende e cresce, mais rápido eles ficam e mais qualidade podem oferecer.

Se a equipe é nova na Agilidade, pode ser difícil falarem de forma sincera, segura e aberta. Quando a equipe trabalha com a agilidade por um tempo e ainda vê a Retrospectiva como uma reunião perturbadora e demorada que acontece apenas porque eles acham que têm que seguir o Guia do Scrum, é ainda pior. Eles veem isso mais como seguir um protocolo do que perceber os seus benefícios.

Essas são algumas das dificuldades que muitos Scrum Masters e facilitadores enfrentam em sua rotina diária de trabalho com times ágeis.

ENGAJANDO O TIME

Mesmo que o Scrum Master trabalhe duro para preparar uma grande retrospectiva, a equipe pode permanecer entediada, extremamente desmotivada, e com baixo nível de envolvimento.

Acredito que diversos Scrum Masters já passaram ou estão passando por isso, mas entendo que não há uma técnica ou ferramenta mágica que o ajudará a sair de uma situação ruim instantaneamente.

A ideia desse texto é preparar o Scrum Master para ver as coisas sob uma perspectiva diferente.

A seguir, eu deixo algumas dicas para aumentar o engajamento do time em uma Retrospectiva.

Faça com que seja significativo

É importante que os membros do time percebam todas as atividades como sendo significativas. Se o Scrum Master observa que o time não vê nenhum sentido em sua Retrospectiva Ágil, pode ser um bom momento para ajudar o time a destacar o valor da atividade. Em vez de explicar, basta fazer as perguntas certas como "O que é uma retrospectiva ágil para você?", "Por que você acha que é importante?" e "Como podemos gerar mais valor?". Analise as respostas e comece a usar o resultado nas próximas Retrospectivas.

Estabeleça um relacionamento positivo

Especialmente no caso de pessoas introvertidas ou membros frustrados de longa data que não veem sentido em nenhuma atividade. Realizar um trabalho de Coach, obtendo um perfil claro de cada membro da equipe ajuda a atender as necessidades de cada indivíduo. O relacionamento pessoal pode ser melhorado por meio de sessões individuais, atitudes positivas ou evitando quebra de promessas.

Veja os resultados de seu trabalho

Scrum Master deve criar uma força de trabalho forte e engajada ao demonstrar para o time um progresso real em seu trabalho e a diferença que estão fazendo. Sem a capacidade de ver o impacto de seu trabalho, as pessoas ficarão frustradas e desamparadas. É uma matemática bem simples: Esforço + Impacto = Engajamento.

Crie uma sensação de pertencimento

O Scrum Master pode ajudar os membros do time a desenvolver um sentimento de fazer parte de uma comunidade de pessoas que estão engajadas em algo que é maior do que qualquer individualidade. Isso criará um sentimento de confiança e, portanto, retrospectivas muito mais interessantes.

Promova a autonomia

O bom da Agilidade é que não importa qual framework se utilize, Scrum ou Kanban, mas promover uma autonomia saudável para os times serem criativos e eficazes. É aí que o papel de Coach entra em ação, garantindo que a equipe tenha autonomia dentro do framework e identificando as necessidades dos times, eliminando impedimentos, problemas e conflitos. Assim que o time sentir que tem abertura suficiente para a criatividade, ela florescerá e prosperará.

Desafie as pessoas

Uma das maiores características do cérebro humano é que ele sempre quer ser desafiado. É por isso que as pessoas querem ser estimuladas com novas experiências. Assim que suas mentes e habilidades estiverem crescendo, o Scrum Master terá um engajamento maior dentro da equipe. É o desejo de dominar, realizar e alcançar novos objetivos que você precisa enfrentar.

CONCLUSÃO

A despeito de qualquer dificuldade que você esteja enfrentando com o seu time, não desista.

O QUE NENHUM SCRUM MASTER TE CONTOU...

Assim que você estiver pronto para entrar na arena da próxima vez, arme-se com essas dicas e lute o bom combate.

Mas não se deve esperar muito. As coisas que acontecerão de forma rápida.

É preciso tempo e paciência para as coisas fluírem, mas as recompensas são enormes.
Invista tempo no seu time!

REFERÊNCIAS

https://retromat.org/blog/i-just-cant-get-her-to-engage-retrospective-problems/
https://www.infoq.com/articles/remote-retrospective-engage/
https://www.dkrimmer.de/2017/08/21/how-to-engage-team-members-in-agile-retrospectives/
https://www.infoq.com/minibooks/agile-retrospectives-value/

Capítulo 29: Melhorias para o SM

André Costa

Iniciar como Scrum Master pode ser muito fácil para alguns e desafiador para outros. Se você reservar um tempo para ler o Scrum Guide, para entender a mecânica do framework, e assistir a alguns vídeos para se aprofundar na função ou, então, fazer um curso de certificação para aprender como aplicar esses princípios na prática podem ser caminhos que facilitarão esse início.

Mesmo que pareça fácil o começo como Scrum Master, os próximos passos na sua jornada para se tornar um grande Scrum Master muitas vezes não são tão claros. Além de questões como aprender a lidar com as situações difíceis que inevitavelmente surgirão no dia a dia, aprender a sair de suas responsabilidades diárias e ter uma visão geral de como o time está evoluindo, entendo que o mais importante seja garantir que você está crescendo como Scrum Master e esteja continuamente melhorando e ajudando seu time a se tornar mais eficaz.

Você pode crescer como Scrum Master usando dois métodos distintos e complementares:
- Aprendizagem passiva, como frequentar aulas, treinamentos, assistir vídeos, ler livros e artigos, participar de encontros de comunidades, Webinars, etc;
- Aprendizagem ativa, usando práticas deliberadas, que é um tipo especial de prática que é proposital e sistemática, que requer atenção concentrada e é conduzida com o objetivo específico de melhorar o desempenho.

O Scrum Guide define uma cerimônia específica para tal melhoria de desempenho: a retrospectiva.

E, para alcançar metas mais avançadas como Scrum Master, é preciso saber se as ações de aprendizado estão te tornando um melhor Scrum Master. Para isso, é necessário um certo nível de feedback que somente o time pode te dar e a cerimônia de retrospectiva é o momento ideal para utilizar algumas práticas simples que podem ajudá-lo a saber se está no caminho certo e como pode dar os próximos passos.

RETROSPECTIVA

Perceba que o seu papel de Scrum Master tem que estar perfeitamente compreendido por todos os integrantes do time. Em caso de dúvidas, antes de realizar qualquer dinâmica para colher feedbacks, você pode iniciar com uma dinâmica chamada É / Não é / Faz / Não Faz:

É	NÃO É
FAZ	NÃO FAZ

Fonte: imagem própria

Faça esse desenho em um papel ou quadro branco. Distribua post its pelo grupo e peça que cada um escreva seu entendimento sobre o que ele entende que seja o papel do Scrum Master e o que acha que não deve ser. Após, peça que escrevam sobre o que acham que o Scrum Master deve e não deve fazer.

Após colher esses insights, classifique os corretos dentro de cada quadrante e comente os incorretos, para que todos tenham a oportunidade de compreender e, você, de alinhar seu papel com o time.

Poderia sugerir algumas dinâmicas específicas para feedback, dependendo do seu grau de conhecimento e, talvez a dinâmica conhecida como avaliação 360º graus seja bem oportuna:

Fonte: *https://produto.mercadolivre.com.br/MLB-732593570*

Dê um post it para cada integrante do time e peça que escrevam sobre a sua atuação e você escreverá sobre a atuação deles. Junte todos em círculo e peça que cada um avalie os demais. Ao final, todos se avaliarão e também o avaliarão no papel de Scrum Master.

Você pode, ainda, aproveitar alguma dinâmica mais específica, como a Squad Health Check, já tratada no Capítulo 27 – Saúde do Time – para pedir que o time avalie seu desempenho através de uma seção específica para isso:

Fonte: adaptado de www.agilebook.com

Cada integrante do time terá a oportunidade de sinalizar com um semáforo verde, amarelo ou vermelho como está indo o seu desempenho liderando o time.

Entendo que as práticas descritas nessa seção são todas situacionais. Você, como Scrum Master, começa a estudar no intuito de melhorar, pede ao time para avalia-lo e você pode obter uma falsa sensação de que está realmente bom ou melhorando sem saber ao certo qual deveria ser a melhoria.

EVOLUÇÃO PLANEJADA

Para que as suas iniciativas de melhoria funcionem adequadamente, é preciso entender seus pontos fortes, pontos fracos, oportunidades de melhoria e ameaças ao seu crescimento como Scrum Master, utilizando, por exemplo, uma matriz SWOT:

Fonte: www.gp4us.com.br

Você pode utilizar como direcionadores para a escrita os seguintes pilares, dentro de cada quadrante da SWOT:
- Processos e Métodos;
- Pessoas e relações;
- Portfolio de negócio e produto;
- Estratégia, cultura e gestão

CONCLUSÃO

Independentemente de como você comece, é importante que voce tenha uma visão de crescimento como Scrum Master a médio e longo prazos.

O seu crescimento dependerá bastante do seu empenho. Inicie sua estratégia por uma matriz SWOT, defina formas diferentes de aprendizado, como a passiva e a ativa, focada nas práticas deliberadas como retrospectivas.

Use retrospectivas específicas para colher feedback do time sobre sua atuação ou, aproveite alguma dinâmica para colher insights do grupo sobre possíveis pontos de melhoria, e avalie-os com olhar sobre sua Matriz SWOT.

Esses momentos de interação regulares de feedback e o envolvimento em práticas de aprendizagem vão pagar dividendos tremendos para o seu crescimento como Scrum Master.

REFERÊNCIAS

https://www.jeremyjarrell.com/scrum-masters-craft/
https://medium.com/tiket-com/deliberate-practices-to-improve-yourself-as-a-scrum-master-419da56e1cee

Capítulo 30: Confraternização

Lidia Vieira

Nossa, particularmente adoro confraternizar, acredito que traz para o time o reconhecimento merecido, a sensação de estarem sendo assistidos e vistos, tanto quanto aos esforços e inciativas, e emana um sentimento de gratidão mútuo.

Então vamos aos pontos de como preparar uma retrospectiva comemorativa.

Pré requisito a uma retro neste âmbito:

A comemoração é só a ponta do Iceberg, como Scrum Masters precisamos estar próximos do time, realizar dinâmicas durante um quartil ou períodos de cortes de planejamento, metas e inspeção de resultados, que forneça materiais ricos e contundentes para avaliar onde estamos, para onde estamos caminhando, e o que foi possível realizar ou até mesmo superar.

Fonte: https://escolaweb.com.br/gestao-escolar/gestao-escolar-veja-como-aumentar-a-produtividade-da-sua-equipe/

Sem esta pegada, sem este feeling, vai ser difícil até mesmo saber o que comemorar.

Então supondo que este requisito esta atendido, vamos a realização de uma retro comemorativa.

1 - Levante todos os compromissos firmados do time para serem realizados, desafios, impedimentos vencidos, problemas solucionados, objetivos do negócio alcançado, metas atendidas, OKR's evoluídos e estruture de uma forma que fique simples a leitura do time, em relação as conquistas alcançadas. Nota: Sem o pré-requisito mencionado, será praticamente impossível atender este tópico

Fonte: https://www.daexe.com.br/2018/07/30/saiba-definir-indicadores-de-desempenho-relevantes-para-seu-negocio/

2 – Estude dinâmicas de quebra gelo para iniciar a retro, pode ser até um bate papo bem informal, acredito que quanto mais naturais formos mais atrairemos a atenção do time.

3 – Apresente todos os resultados do time, agradeça ao time pelo seu empenho, mostre os desafios que eles estão enfrentando,

e passe para eles o quanto o trabalho o empenho deles modificam todos um cenário até o âmbito do negócio. Mostre os progressos.

4 – Traga para a retro um momento que cada participante do time, consiga refletir quem foram as pessoas que mais o apoiaram durante este percurso, crie um board gratidão, esse momento sempre é muito especial e cativante. Une ainda mais o time, eles reconhecem que juntos são mais fortes e conseguem ir além, atrai a colaboração e empatia, sem falar que ativa a motivação em cada um. Outra prática também e utilizar os Kudo cards, outra forma de reconhecer e agradecer.

Fonte: https://pt.123rf.com/photo_14711025_thank-you-post-it-note.html

6 - Se possível, feche com um happy hour, um momento descontraído e de interação no time após apresentação dos resultados. Brinde muito!

Fonte: https://br.pinterest.com/pin/244601823496176850/

Seja verdadeiro sempre e só se comprometa com o time com o que você pode realizar, agradeça sempre e reconheça os esforços do time. Esteja próximo deles e tenha a comemoração com hábito, este hábito gera combustível para novos ciclos de desafios.

PARTE IV – FECHAMENTO

Capítulo 31: Fechamento

Vitor Cardoso

Estou tendo a honra de finalizar com último capitulo esse livro que tem uma escrita diferente. É uma escrita colaborativa de 3 grandes Scrum Masters com tempo de vivência e experiências diferentes e o objetivo do livro foi justamente pegar a percepção de cada um no assunto conforme o seu nível de vivência e experiência, para poder gerar um resultado diferenciado para quem quer seguir com o papel de Scrum Master.

Esse capítulo vai contar a trajetória do livro, desde a idealização até o momento de fechamento e acredito que com todos esse capitulos você terá um nível de conhecimento muito bom para desempenhar o papel.

Então vamos ao que interessa: a história do livro (Pode ter certeza que não será um monte de blá blá blá. Leia até o fim e se surpreenderá)

A idealização

No ano passado iniciei a escrita do meu primeiro livro. Ele já tinha uma pegada diferente, foi escrito junto com a Jornada Colaborativa que reúne pessoas experientes para fazer a escrita colaborativa. O primeiro livro que escrevi foi o Jornada Ágil de Liderança, teve a participação de 86 pessoas e essa experiência me deixou maravilhado, tanto pela a escrita do livro, como pela troca com outras pessoas e de ver o quanto podemos ajudar e a compartilhar conhecimento com os outros.

Iniciei a escrita em dezembro/2019 e terminei em janeiro/2020 com a contribuição de 7 capítulos. Depois disso entramos em uma bateria de revisões e ajustes até de fato o livro ser publicado pela editora e ter o seu lançamento físico em

15/outubro/2020. Como podem ver é uma jornada muito grande até o lançamento.

Depois disso participei da escrita de mais 2 livros, também da jornada colaborativa e resolvi que deveria escrever um livro sozinho. Comecei a estruturar todos os tópicos e identificar o que poderia gerar mais conhecimento, consolidar conceitos e etc.

Em determinado momento, comecei a sentir que seria mais um livro com vários conceitos e experiências. Mas não era exatamente isso que gostaria de passar, a minha idéia era compartilhar as minhas vivências, sentimentos e atitudes, e percebi que se tivesse mais gente contribuindo com olhares diferentes o conteúdo do livro seria muito mais rico. Resolvi reformatar o propósito do livro e convidar pessoas com mais e menos experiencias para fazer essa escrita colaborativa, além de trazer reflexões para as pessoas e presentar com o que existe mais intangível, o orgulho de ter feito com tanto carinho o seu próprio trabalho. Resolvi gerar a mesma felicidade que senti com o lançamento do meu primeiro livro em outras pessoas e ver o quanto somos capazes.

Foi então que, no início de agosto/2020, comecei a ter a ideia de fazer um desafio para os 3 scrum masters que trabalham no meu time.

O desafio
Uma vez tendo o plano na cabeça, era hora de colocar em prática. O meu objetivo primário, que era trazer reflexões da jornada do SM para os próprios Scrum Masters, fazer eles pararem, pensarem e se fundamentarem nas suas atitudes e convicções. Mas tinha um fator influência entre eles que poderia ocorrer, isso poderia ser um dificultador para atingir o objetivo primário que era as reflexões individuais dos temas.

Então criei o que chamei de "Desafio das 10 semanas". Desafio de fato longo, mas que iria ajudá-los a terem tempo de refletir e escrever com calma o que precisava ser escrito. Eram perguntas do dia a dia do SM, que teoricamente são extremamente simples de responder, mas que quando se vai escrever é necessário juntar fundamentos de várias referências para ter consistência, e isso traria para eles o entendimento de muitas atitudes que são tomadas de forma automática. Agora teriam que refletir e entender esses motivadores para poder escrever.

Falei com cada um deles <u>individualmente</u> o seguinte:

[Vitor] Oi, tudo bem? Antes de qualquer coisa preciso te fazer uma pergunta, você confia em mim?
[André/Eliane/Lidia] Claro!
[Vitor] Estou fazendo uma dinâmica nova que vai durar 10 semanas, é uma dinâmica longa e ela vai conflitar com as suas atividades do dia a dia, o desafio vai ser apenas uma pergunta referente ao seu dia a dia, algo que é natural na sua rotina, mas essa pergunta tem que ser respondida entre 3 a 5 páginas, logo terá que buscar fundamento para responder, topa o desafio?
[André/Eliane/Lidia] Claro! Estou dentro!!! Vamos lá
[Vitor] Outro detalhe, esse desafio é um piloto e estou fazendo com você e se der certo vou fazer com os outros SMs, então é importante que não comente com ninguém pois isso pode influenciar quando for aplicar a dinâmica com eles, ok?
[André/Eliane/Lidia] Deixa comigo, pode deixar que não vou comentar com ninguém.
[Vitor] Por último, vou só pedir que não faça questionamentos sobre a dinâmica nesse momento, faça os 10 desafios e no final vou te dar o retorno de tudo, ok?
[André/Eliane/Lidia] Fechado!

A execução
Fiquei feliz que todos aceitaram de cara e sem nenhum questionamento. Toparam a na hora e então era momento de iniciar o desafio.

Combinei com eles que toda segunda-feira estaria enviando o desafio e que tinham uma semana para concluir, pois na próxima segunda-feira estaria chegando um novo, com ou sem conclusão da semana anterior.

Na primeira semana tudo brilhou, entregaram rápido o primeiro texto e veio o primeiro fato: a Lidia me procurou muito feliz com a entrega do seu primeiro texto e queria ter um feedback do que achei, se estava bom ou se estava ruim e etc. Mas isso me ajudaria com outro objetivo secundário e super importante para os Scrum Masters, que é o controle da ansiedade. Não perdi tempo e falei: "Lidia, só vou dar retorno depois do 10° desafio, tudo isso faz parte do desafio, mas confie que vai ser bom". Percebi que ela deu uma murchadinha, mas tinha certeza de que ela é o tipo de pessoa que não ia deixar a peteca cair e confiei no conhecimento que tinha da convivência com ela.

E assim foi passando, desafio por desafio. A Eliane sempre procurava entregar no mesmo dia ou no dia seguinte, o André sempre procurava entregar próximo da data. Chegou a acumular 2 desafios, mas estava tudo no controle.

A Lidia estava com um desafio um pouco maior. Além de alguns imprevistos pessoais, vários fatores ocorreram durante o período e isso começou a acumular muitos desafios. Comecei a ficar preocupado, mas a todo momento ela sinalizava "Vou recuperar!!! Vai dar tudo certo, fica tranquilo!". Quando chegamos na 7ª semana, ela já tinha um acúmulo de 3 desafios e nesse mesmo tempo apareceu uma oportunidade para ela apresentar um tema no TDC Recife. Ela não perdeu tempo e se inscreveu para aproveitar a oportunidade, mas tinha basicamente 1 mês para terminar e comecei a ficar vendo todo esse cenário sendo construído e ficando preocupado com o andamento.

Em determinado momento ela me ligou e falou: "Vitor, aproveitei a oportunidade do TDC e estou com alguns desafios acumulados, gostaria de ver se podermos repactuar a data de entrega?". Já sabia que isso acabar acontecendo , porém isso colocaria toda a minha estratégia por água abaixo e tive que ser inflexível para poder manter a estratégia viva, respondi para ela: "Lidia, infelizmente não posso mudar a data pois isso vai quebrar o desafio. Mas você tem 2 opções: seguir e entregar os desafios que estão faltando ou desistir. Se desistir, farei em outro momento esse desafio com você, mas vai retomar do zero. Por qual linha quer seguir?". Ela nem pensou 2 vezes e respondeu "Desistir não vou!!! Isso não faz parte de mim, vou recuperar os desafios em atraso!". Gostei muito da determinação!

Na última semana, a Lidia ainda estava com 3 desafios pendentes, mas ela sinalizava o tempo todo que ia entregar. O prazo final era segunda-feira e no último domingo ela entregou 1 texto. Depois entregou outro na segunda-feira pela manhã e confesso que fiquei muito ansioso com a entrega do último, pois, mais que fechar o desfio, isso geraria o efeito de superação nela por todos os obstáculos. O dia foi passando e nada de chegar o email com o último texto, até que no final do dia finalmente chegou o último texto. Tenho certeza que isso gerou muita felicidade nela, assim como gerou uma felicidade incrível em mim!

Consolidação e Apresentação

Estou muito feliz que todos os SMs entregaram os seus desafios dentro do período esperado e, o mais fantástico, é que consegui passar as 10 semanas sem um ficar sabendo do desafio do outro. Até então, tudo indo bem.

Consolidei todos os textos em formato de capítulos, formatei tudo e então criei o livro, que seria um grande presente para eles. Criei uma capa, criei os espaços para introdução, dedicatórias e

O QUE NENHUM SCRUM MASTER TE

deixei todos os capítulos formatados dentro do padrão para se tornar um livro.

Resolvi marcar uma reunião sem qualquer relação com o nome do desafio. Chamei a reunião de "Checkpoint do SMs" e convidei a liderança para participar. Até esse momento ninguém sabia nada sobre o livro.

No dia da reunião fiquei muito tenso com a apresentação, pois tinha certeza que seria um momento único na vida de todos que estavam ali. Nada poderia sair muito do previsto, pois ficaria marcado para sempre. Iniciei a reunião e logo de cara coloquei para gravar a reunião. Pedi para todos os SMs ligarem as câmeras e deixar o áudio "desmutado", pois seria uma reunião de colaboração entre todos e não tinha necessidade de deixar no mudo. Então iniciei a reunião:

[Vitor] "Acho que ninguém entendeu muito o convite dessa reunião, mas o checkpoint aqui é para apresentar para vocês os nossos novos 3 autores, André, Eliane e Lidia"
[Eliane] Nossa, estou muito longe disso
(André começa a rir sem parar)
(Lidia franze a sobrancelha)
(Vitor compartilha a tela com a capa do livro e realiza a explicação de todo o desafio e finaliza a fala)
[Vitor]... e aqui está o livro que eles criaram sem saber que estavam criando
(André, Eliane e Lidia bem emocionados e sorridentes com a surpresa)

Não vou descrever todo o diálogo aqui, pois durou 20 minutos, mas a grande mensagem que gostaria de deixar nesse capítulo é acreditar nas pessoas. Defina os seus objetivos e crie pequenas conquistas ao longo do caminho. Sonhe com cada pequena conquista de forma única e vai ver que é capaz de chegar muito mais longe do que imagina!

Depois disso tudo, eles me chamaram para escrever esse último capítulo e, poder ser um dos autores do livro, me deixou muito lisongeado. Finalizo esse capítulo com o maior carinho possível tendo recebido esse presente de volta.

A mensagem que deixo é para que reflita sobre esse ultimo capítulo e veja como consegue criar pequenas gotas de motivação para a sua equipe. Mostre o quanto cada é muito maior do que imagina que é, sonhe junto com as pessoas, vibre e sorria com a conquista das pessoas em sua volta. Assim como elas, você é totalmente capaz de fazer coisas incríveis! Confie nos outros! Confie em você! Pode ser que ao longo do caminho tome algumas rasteiras, mas não deixe de confiar nas pessoas, pode ter certeza que o momento que estiver andando vai ser muito mais gratificante do que as poucas vezes que venha a tomar uma rasteira e acredite que com essa atitude, as pessoas não vão querer te dar rasteiras, pois é o trabalho coletivo para o bem de todos!

"Menos contratos, mais confiança"
Vitor Cardoso

AGRADECIMENTOS

André Costa

Agradeço a todas as pessoas que já cruzaram o meu caminho profissional e que contribuiram para a minha formação e a experiência acumulada que tenho hoje. Sem essa troca de conhecimentos esse livro não teria toda a profundidade prática apresentada.

Eliane Andrade

Expresso minha eterna gratidão às pessoas que me trouxeram à realização desse sonho. Agradeço a Deus por me guiar até aqui me tirando e incluindo caminhos que me trouxeram até esse momento ímpar. À Cyntia Albernaz por me apresentar o "mundo de agilidade" e me incentivar no início da jornada. Ao André Costa, colega na autoria desse livro, por sempre acreditar no meu trabalho, incentivar e me ajudar no meu desenvolvimento profissional. A todos os colegas dos times onde já servi como Scrum Master e PO. E, em especial e mais que tudo ao meu líder direto atual, Vitor Cardoso, pela sua liderança inspiradora, por fazer tudo o possível e impossível SEMPRE para me ajudar a ser alguém melhor.

Lidia Vieira

Agradeço a Deus e a minha familia, que são base da minha formação de carater, e que me concederam oportunidades que me direcionaram a um mundo de oportunidades, e aqui estou eu, nesta grande oportunidade de compartilhar com vocês algumas das minha experiencias, e espero poder ajudar de alguma forma.

Agradeço ao Vitor pela extrema confiança, por um gesto tão nobre de nos envolver neste projeto, que anteriormente seria escrito somente por ele. Exemplo de liderança e de ser humano.

Agradeço a todo Time e pessoas que atuo diariamente, com eles aprendo muito. Agradeço a Eli, André, Jose Luiz Faulhaber e Thais Juncá, cada um contribuindo de um forma especial na construção deste livro, cheio de experiencias e realidades que não vemos em nenhum framework.

Gratidão!

Vitor Cardoso

Gostaria de realizar um agradecimento especial aos demais autores desse livro (André Costa, Eliane Andrade e Lidia Vieira) pelo convite em escrever o ultimo capitiulo e pela confiança que teve em mim durante todo o desafio da escrita do livro.

Agradecimento a Jose Luiz Faulhaber e a Thais Juncá pelo apoio e pela disponibilização em apoiar a escrita do livro, alem, é claro, de escreverem o prefácio.

Agradecimento aos times que trabalham comigo atualmente na Globo, pois sem dúvida todo o conteúdo aqui gerado foi aprendizado da convivência e de muita observação do dia a dia de trabalho e espero que o conhecimento escrito aqui reverta sempre em melhorias para eles.

E, por fim, um agradecimento muito especial à minha família, que sempre me apoia na conquista dos meus objetivos e se não tivesse o apoio incondicional da minha esposa Elizabeth Mafort Cardoso tudo isso estaria muito mais longe de ser alançado. Agradeço muito a paciência e o carinho dos meus filhos Julia Cardoso e Davi Cardoso, pois o momento de escrita e apoio do livro acabou tirando o tempo que poderia estar brincado com eles, mas sempre entenderam e apoiaram.

ATUALIZAÇÕES

Se você quiser ser avisado sobre atualizações desse livro, como erratas, inclusão de capítulos, novas versões, e novos livros dos autores, por exemplo, queremos te manter informado! Acesse o link do formulário disponível ou através do QR Code abaixo:

QR code para atualizações do livro
https://bit.ly/ISBN9798570246140-atualizacoes

REFERÊNCIAS

- 123rf (https://pt.123rf.com | https://pt.123rf.com/photo_14711025_thank-you-post-it-note.html)
- 14º Annual State of Agile Report
- Administradores (https://administradores.com.br/noticias/a-importancia-da-comunicacao-eficaz-no-dia-a-dia-do-ambiente-corporativo)
- Agile Book (https://www.agilebook.com | https://agilelogbook.com/2014/09/17/team-squad-health-check/)
- Agile Buddha (https://www.agilebuddha.com | http://www.agilebuddha.com/agile/agile-thinking-continuous-improvement-scrummaster-1-0-to-2-0/)
- Agile Manifesto (https://agilemanifesto.org/iso/ptbr/manifesto.html)
- Agile School (https://agileschool.com.br/daily-scrum-x-status-report/)
- Annelise Gripp (https://annelisegripp.com.br/health-check-team/)
- Aprende Ai (https://aprendeai.com/carreira/visual-thinking-metodo/)
- Até o momento (https://www.ateomomento.com.br/remocao-de-impedimentos/)
- AWW Memes (https://awwmemes.com/i/270d4a35404b4d1c859f7f6dec429a8a)
- Blog Contabilista (https://blog.contabilista.com.br/qual-a-diferenca-entre-meta-e-objetivo.html)
- Blog Nocont (https://blog.nucont.com/como-motivar-uma-equipe/)
- Blog Taller (https://blog.taller.net.br/criar-cfd/)

- BrandonGaille (https://brandongaille.com/12-pros-and-cons-of-performance-measurement/)
- CIO (https://www.cio.com/article/3391591/scrum-master-certification-top-9-certs-for-agile-pros.html | https://cio.com.br/quando-a-transformacao-agil-se-depara-com-a-realidade/)
- Cloud Coaching (https://www.cloudcoaching.com.br/agente-de-transformacao/)
- Coruja Garatuja (http://www.corujagaratuja.com.br/2016/12/versos-rimas-prazer-sou-empatia.html)
- Creazilla (https://creazilla.com/nodes/56097-zipper-mouth-face-emoji-clipart)
- Daexe (https://www.daexe.com.br/2018/07/30/saiba-definir-indicadores-de-desempenho-relevantes-para-seu-negocio/)
- DKRIMMER (https://www.dkrimmer.de/2017/08/21/how-to-engage-team-members-in-agile-retrospectives/)
- Dreamstime (https://pt.dreamstime.com | https://pt.dreamstime.com/foto-de-stock-flor-da-planta-cresce-em-pedras-image93528899)
- Echometer (https://echometer.de/en/scrum-retrospective-ideas/)
- Escola Web (https://escolaweb.com.br/gestao-escolar/gestao-escolar-veja-como-aumentar-a-produtividade-da-sua-equipe/)
- Giovanni Venturini
- GP4US (https://www.gp4us.com.br)
- Facebook (https://www.facebook.com/ProgramadorNaoEGente/posts/me-falem-uma-vez-que-o-scrum-master-realmente-ajudou-todo-mundo/2423223647908880/)
- Free Pick (https://br.freepik.com/vetores-premium/desenho-de-bombeiro_2526300.htm)
- Ideia de Marketing (https://www.ideiademarketing.com.br/2017/07/25/empatia-4-dicas-para-tornar-gestao-mais-humana/)
- Imgur (https://imgur.com/gallery/GSEKiAd)

- InfoQ Brasil (https://www.infoq.com/articles/remote-retrospective-engage/ | https://www.infoq.com/minibooks/agile-retrospectives-value/)
- Jeremy Jarrell (https://www.jeremyjarrell.com/scrum-masters-craft/)
- Joana Santiago (https://joanasantiago.com.br/3-coisas-que-voce-precisa-saber-sobre-empatia/)
- Knowledge21 (https://www.knowledge21.com.br | https://knowledge21.com.br/blog/scrummaster-3-0-no-agile-trends/ | https://knowledge21.com.br/blog/ate-onde-vai-agilidade/)
- Knowledgehut (https://www.knowledgehut.com/blog/agile/top-paying-scrum-certifications)
- Liberating Structures (http://www.liberatingstructures.com/19-heard-seen-respected-hsr/)
- LinkedIN (https://www.linkedin.com/pulse/six-simple-ways-understand-scrum-team-maturity-michael-k%C3%BCsters/)
- Medium (https://medium.com/serious-scrum/scrum-master-3-0-a-facilitative-leader-a21566b1c70d | https://medium.com/better-programming/scrum-team-maturity-5d48b7d672f6 | https://medium.com/tiket-com/deliberate-practices-to-improve-yourself-as-a-scrum-master-419da56e1cee | https://medium.com/somoscordel)
- Mercado Livre (https://produto.mercadolivre.com.br/MLB-732593570)
- Metodologia Agil (http://metodologiaagil.com/certificacao-scrum-master/)
- Naked Agility (https://nkdagility.com/blog/how-do-you-handle-conflict-in-a-scrum-team/)
- Pinterest (https://br.pinterest.com/pin/244601823496176850/)
- Pixabay (https://pixabay.com/pt/illustrations/comparar-compara%C3%A7%C3%A3o-escala-643305/)

- Plutora (https://www.plutora.com/blog/agile-metrics)
- Prefacio (https://prefacio.com.br/gestao-de-midias-sociais-por-que-voce-precisa-de-um-profissional-para-faze-la/)
- Professor Annibal (https://professorannibal.com.br/2017/11/21/analogia-entre-os-modelos-de-manufatura-agil-e-manufatura-enxuta/)
- Retromat (https://retromat.org/blog/i-just-cant-get-her-to-engage-retrospective-problems/)
- Revista Crescer (https://revistacrescer.globo.com/Bebes/Saude/noticia/2014/06/dia-nacional-do-teste-do-pezinho-saiba-importancia-desse-exame.html)
- Robson Camargo (https://robsoncamargo.com.br/blog/Certificacao-Scrum)
- SabeSim (https://www.sabesim.com.br/quadro-kanban-online-ferramenta-inovadora/)
- Santander Negócios
- Scrum Alliance (https://www.scrumalliance.org/community/member-articles/439)
- Scrum.Org (https://www.scrum.org/resources/blog/3-steps-becoming-agile-coach#:~:text=To%20be%20a%20great%20coach,part%20of%20an%20agile%20team.&text=As%20well%20as%20other%20responsibilities,the%20Organisation%20in%20effective%20Scrum)
- SoftwareONE (https://www.softwareone.com/en/blog/all-articles/2019/06/06/agile-transformation-top-down-or-bottom-up)
- Somos Agility (https://www.somosagility.com.br/melhores-praticas-para-sincronizacao-de-tempo-em-maquinas-virtuais/)
- Spotify Engineering (https://engineering.atspotify.com/wp-content/uploads/sites/2/2014/09/squad-health-check-model.pptx | https://engineering.atspotify.com/wp-content/uploads/sites/2/2014/09/squad-health-check-model2.pdf)

- Target Process (https://www.targetprocess.com/blog/software-development-metrics/)
- Telavita (https://www.telavita.com.br/blog/pensar-fora-da-caixa/)
- The Scrum Guide
- TI Especialistas (https://www.tiespecialistas.com.br/scrum-metodo-conta-gotas/)
- Visual Paradigm (https://www.visual-paradigm.com/scrum/what-is-time-boxing-in-scrum/)
- Wikipédia (https://pt.wikipedia.org/)

Made in the USA
Middletown, DE
20 January 2021